W0089294

Das Feng-Shui Praxisbuch

Derek Walters

Das Feng-Shui Praxisbuch

Besser wohnen, gesünder leben,
erfolgreicher arbeiten

O. W. Barth Verlag

Einzig berechtigte Übersetzung aus dem Englischen
von Anne Löhr-Gößling

Erste Auflage 1996
Copyright © 1996 by Derek Walters
Alle deutschsprachigen Rechte Scherz Verlag, Bern, München, Wien,
für den Otto Wilhelm Barth Verlag.
Alle Rechte der Verbreitung, auch durch Funk, Fernsehen,
fotomechanische Wiedergabe, Tonträger jeder Art und
auszugsweisen Nachdruck, sind vorbehalten.
Umschlagsgestaltung: Thomas & Thomas Design unter
Verwendung einer chinesischen Zeichnung
aus dem Archiv für Kunst und Geschichte, Berlin

Inhalt

Die Fünf Elemente

Die Sieben Vorzeichen

Feng-Shui im Geschäftsbereich

Unser Heim

Eine Feng-Shui-Checkliste

Frühgeschichte des Feng-Shui

Anhang

Einleitung

Viele Jahre lang war ich Berufsmusiker, und es sollte nicht verwundern, wenn ich im Verlauf dieses Buches verschiedene Parallelen zwischen der Musik und Feng-Shui ziehe, denn ich finde, sie haben vieles gemein. Die Musik hat ihre Regeln, ihre Muster und ihre Ordnung, ohne die Klänge einfach nur Lärm wären. Man kann wissenschaftlich erklären, warum bestimmte Klangsequenzen angenehmer als andere sind, und die Musiktheorie legt dar, was ästhetisch korrekt ist. Die Anordnung ausgewählter Klänge verwandelt Mißklang in Musik. Das gleiche gilt für Feng-Shui: Ordnung, Muster und Richtung sind die grundlegenden Faktoren, die Chaos in Harmonie verwandeln.

Volkstümlich denkt man bei Feng-Shui an eine wirre Welt aus Fächern, Flöten, Aquarien, Wasserfällen, Windspielen und Fragen wie denen, ob man mit einem blauen Hausanstrich leichter in der Lotterie gewinnt, befördert wird, sein Sexleben oder was auch immer verbessert. Nicht immer wird als erstes die durchaus berechtigte Frage gestellt: «Was ist Feng-Shui?»

Das Wort Feng-Shui läßt sich nicht genau übersetzen. Umgebung ist ein wichtiger Aspekt von Feng-Shui, wenn auch nicht der einzige. Das Wort beinhaltet auch Faktoren wie Form, Design und Harmonie, doch fehlt immer noch

Feng-Shui ist die Kunst, Chaos in Harmonie zu verwandeln

eine Nuance, nämlich das instinktive Gefühl dafür, daß das Leben besser wird, wenn alles an seinem richtigen Platz ist. Mit Sicherheit ist Feng-Shui keine Form von orientalischer Hexerei, die das Leben schlagartig verändert. Dem äußeren Anschein nach besteht eine Feng-Shui-Beratung für einige vielleicht aus Ratschlägen, wie man seine Möbel, Einrichtungsgegenstände und die Dekoration umstellt, doch hinter diesen Ratschlägen verbergen sich tiefere philosophische Gründe.

Wenn zum Beispiel die alten Weisen den «Klang» eines Hauses verbessern wollten, nachdem sie darin schwache Bereiche diagnostiziert hatten, wurden gewisse Materialien als Hilfsmittel vorgeschlagen. Wenn das Element «Wasser» zu stark war und durch Feuchtigkeit hervorgerufene Krankheiten verursachte, wurden getrocknete Bambusflöten oder Holzkohle als Repräsentanten des Elementes Holz an bestimmten Stellen aufgehängt, die Feuchtigkeit und Ausdünstungen absorbieren sollten. Entsprechend brachte man Bronzeglocken an, wenn das Element Metall angeregt werden sollte, oder rote Paprika wurde auf Wände gerieben, um das Element Feuer zu stärken. Heutzutage schmücken begeisterte Amateure mit ihren paar Brocken an Feng-Shui-Grundkenntnissen fröhlich ihre Räume mit Windspielen an allen Ecken und Enden, ohne auch nur eine Ahnung von der ursprünglichen Bedeutung solch dekorativer Accessoires zu haben, aber in der Hoffnung, daß sich ihr Schicksal über Nacht ändern werde.

Die Antwort auf die immer wieder von Skeptikern gestellte Frage: «Funktioniert es?», lautet: Ja, aber nicht immer in der erwarteten Weise. Ich erinnere an die alte Weisheit, daß man sorgfältig überlegen sollte, was man sich wünscht – es könnte sein, daß man es bekommt.

Ein enger Freund, selbst Feng-Shui-Experte, wurde einmal von dem Besitzer eines Kasinos, dem die Kunden ausblieben, zu sich gebeten. Er sprach einige Zeit später mit mir darüber, nachdem er dem Kasinobesitzer vernünftigen Rat erteilt, sogar die Anbringung einer Drachenfigur über der Tür empfohlen hatte, aber die Geschäftsführung über eine ausbleibende Verbesserung enttäuscht war. Wir besprachen dieses Problem; alle korrekten Feng-Shui-Maßnahmen waren ergriffen worden, und wir fragten uns, was man sonst noch tun könne. Da man chinesischen Drachen eine Vorliebe für Perlen nachsagt, schlug ich vor, eine künstliche Perle vor dem Drachen zu plazieren, um ihn bei Laune zu halten. Das Ergebnis war umwerfend, aber leider zu erfolgreich. Das Kasino erfreute sich plötzlich extremer Beliebtheit, und die Kunden drängten sich haufenweise durch die Türen. Anstatt sich darüber zu freuen, beschwerte sich der Manager händeringend und bitter: «Ich habe jetzt viele Kunden, aber sie *gewinnen alle!*»

Zu Beginn meiner Lehrzeit erfuhr ich von einem Büroleiter in Hongkong, der von einer Pechsträhne verfolgt war. Seine Sekretärin beschloß, die Dienste eines Feng-Shui-Experten in Anspruch zu nehmen, erzählte aber ihrem Arbeitgeber nicht davon, da er von den alten Bräuchen nichts hielt. Der Feng-Shui-Spezialist identifizierte eine Stelle, die anfällig für feuer- und wasserbedingte Unfälle war, und schlug vor, den Schreibtisch des Managers um gut zehn Zentimeter zu verschieben, um die unfallträchtige Stelle zu umgehen. Dies geschah auch, aber man erklärte dem Büroleiter nicht die Gründe für die geringfügige Veränderung der Position seines Schreibtisches. Leicht verärgert versuchte er, diesen an seinen ursprünglichen Platz zurückzuschieben, wobei er aber seinen Kaffee verschüttete und sich die Hand verbrühte!

Feng-Shui soll der inneren Zufriedenheit, nicht der Befriedigung der Geldgier dienen

Andererseits befolgen gewissenhafte Menschen Feng-Shui-Vorschriften, mit deren Hilfe sie ihre Umgebung in ein Gleichgewicht bringen und diesem ihre alltäglichen Abläufe anpassen, nicht aus Gründen des materiellen Vorteils, sondern nur um sich ihre eigene innere Zufriedenheit zu sichern. Ein häufiges überraschendes Ergebnis ist jedoch, daß unerwarteter materieller Vorteil daraus folgt. Es ist eine Schande, daß aus diesem Grund so viele Feng-Shui-Philosophien von Leuten zweckentfremdet wurden, die den Wert einer Sache nur in Geldkategorien bemessen. Skeptiker setzen das Feng-Shui herab und verlangen einen Beweis für seine Wirksamkeit; dies aber bedeutet, unheimliche Folgen mit beunruhigender Bedeutung herbeizurufen. Folgender merkwürdiger Fall ereignete sich vor einigen Jahren, ist aber durchaus noch nachprüfbar.

Auf der Insel Jersey findet wöchentlich eine staatliche Lotterieziehung statt. Wenngleich die Preise nicht an das große Los heranreichen, sind sie doch attraktiv genug für eine breite Kundschaft und eine profitable Einkommensquelle für die Regierung des kleinen Staates. Ein Freund von mir kaufte ein Los und forderte mich heraus. Ich sollte welche mystischen Kräfte auch immer beschwören, um den Ausgang der Lotterie in seinem Sinne zu beeinflussen. Ich hatte Einwände, konnte ihn aber nicht davon überzeugen, daß ich mich wegen der möglichen Konsequenzen fürchtete und nicht etwa, weil ich an die Sache, in der ich ja immerhin als Experte galt, nicht glaubte. Trotz meiner Bedenken ließ ich mich schließlich zu einem Experiment überreden. Die Losnummer lautete 49049 – eine Zahl, die

ich wohl kaum jemals vergessen werde. Beklommen erwarteten wir die Ziehung und die Veröffentlichung der
Gewinnummern in der lokalen Zeitung, der *Jersey Evening
Post*. Bei allen bisherigen Ziehungen waren die Gewinn-
nummern in der Spalte für letzte Meldungen gedruckt,
doch erst- und einmalig wurde bei dieser Gelegenheit die
Nummer auf der ersten Seite in großen Schlagzeilen her-
ausgebracht: Sie lautete 7777. Für den Besitzer des Ge-
winnloses war dies in der Tat eine Glückszahl. Nicht aber
für meinen Freund, obwohl auf seinem Los gleich zweimal
49 (7 × 7) stand. Sicher ein Fall zum Nachdenken.

Diejenigen, die Zweifel an der Gültigkeit von Feng-Shui
haben, lassen sich in der Regel in zwei Gruppen einteilen:
die Zyniker, die für jedes Phänomen eine rationale Erklärung brauchen, und die Mystiker, die enttäuscht sind,
wenn es eine gibt. Wenn ich um Rat gebeten werde und
Vorschläge mache, versuche ich immer, beiden Sichtweisen Rechnung zu tragen. Es ist jedoch viel einfacher, eine
spezifische Situation mit Feng-Shui-Begriffen zu erklären,
auch wenn gewöhnlich eine westliche Analyse als akzeptab-
ler gilt. Ein klassisches Beispiel ist das Haus des Herzogs
und der Herzogin von York (Fergie und Andrew – siehe
Kapitel «Schutz und Pfeile»). Es hatte einen Flur, der in einer geraden Linie von der Vorder- zur Rückseite verlief. In
einer chinesischen Feng-Shui-Analyse würde man ihn mit
einem Fluß vergleichen, der zwei Gemeinden trennt, oder
mit einem Messer, das ein Gebäude durchschneidet und
die Beziehungen löst. Ein westlicher Psychologe erklärt die
Wirkung damit, daß die Familienmitglieder dazu neigen,
sich mit ihrem jeweils eigenen Territorium auf der einen
oder anderen Flurseite zu identifizieren. Der Flur wird
dann zur unsichtbaren Grenze zwischen rivalisierenden

Gruppen innerhalb des Haushalts. In viel größerem Maßstab wird dieselbe Wirkung durch Autobahnen hervorgerufen, da die Schwierigkeiten, sie zu überqueren, dazu
führen, daß sich nachbarschaftliche Loyalitäten auflösen
und neue entstehen.

Nach «Was ist Feng-Shui?» und «Funktioniert es?» ist
die nächste Frage, mit der ich gewöhnlich konfrontiert
werde, spezieller Art, etwa: «Wo soll ich mein Goldfisch-
glas aufstellen?» Die Anwort, die einem spontan durch den
Kopf geht, ist zwar nicht sehr hilfreich, aber ebenso relevant wie die Frage. Denn man kann unmöglich den idealen
Standort von Gegenständen wie Blumen, Dekorationsge-
genständen, Bildern oder sogar Goldfischaquarien festlegen, ohne alle umgebenden Faktoren zu beachten. Das
wäre so, als telefonierte man mit einem Fremden, den man
noch nie zuvor gesehen hat, und sollte ihm zu irgendeiner
Kleidung raten. Allerdings würde ich mich nicht wundern,
wenn an Modedesigner so kauzige Ansinnen tatsächlich
häufig gestellt würden.

Am ärgerlichsten ist es, wenn jemand beschließt, als
Feng-Shui-Berater aufzutreten, nachdem er einen Vortrag
gehört, vielleicht auch an einem Wochenendseminar teil-
genommen oder sogar nur ein Buch gelesen hat und sich
nun für qualifiziert genug hält, um diesen Beruf zu ergreifen. Man sollte solche Leute sanft befragen, ob sie auch zu
einem Friseur mit ähnlich intensiver Ausbildung gehen
würden.

Die andere, sehr vernünftige Frage lautet schließlich,
welcher Aspekt des Feng-Shui der wichtigste sei: der
ästhetisch-inspirative oder der theoretische. Um das zu beantworten, möchte ich mich noch einmal der Musik zuwenden. Einige Leute üben vielleicht ernsthaft, und doch

klingt ihr Spiel langweilig und uninspiriert. Andere, die keine musikalische Ausbildung haben, können sich an ein Klavier setzen und voll Eifer und Kraft eine Melodie klimpern. Der ernsthafte Spieler könnte jedoch jederzeit eine populäre Melodie, der unausgebildete Spieler aber nie Mozart spielen.

Yin und Yang

Diese Einführung in das Thema Feng-Shui läßt sich am angemessensten mit der Klärung eines Begriffspaares abschließen, das allgemein bekannt ist und doch oftmals nicht richtig verstanden wird – Yin und Yang. Die meisten Menschen haben die Vorstellung, daß Yin und Yang die Harmonisierung von Gegensätzen – Positivem und Negativem – bedeute. Yang ist beispielsweise männlich, Yin weiblich, Yang heiß, Yin kalt, Yang ist das Licht, Yin die Dunkelheit und so weiter.

Ich finde es ganz außerordentlich, daß den Weisen und Philosophen des alten China instinktiv bewußt war, daß die Struktur des Universums aus positiven und negativen Kräften besteht, und daß sie eine Theorie entwickeln konnten, die weitere sechzehn Jahrhunderte auf ihre Wiederentdeckung im Westen warten mußte. Die heutige Wissenschaft basiert auf dem Grundstein, daß es für jedes Positive ein Negatives geben muß, ob es sich um entgegengesetzte Pole eines Magneten handelt, um Plus und Minus elektrischer Ladungen, die Links- und Rechtsdrehung atomarer Teilchen, Materie und Antimaterie oder um eine Menge

Positiv und negativ gehören untrennbar zusammen

anderer mathematischer Prinzipien. Ohne Binärmathematik, die alles auf eine Abfolge von Ein- und Ausschalten reduziert, gäbe es keine Computer, keine digitalen Aufnahmen, kein Fernsehen. Man mag der Meinung sein, daß dies kein Verlust wäre, aber ohne das Ein- und Ausschalten in den Nervenbahnen unseres Gehirns könnten wir auch nicht denken.

Es ist schade, daß die Worte «positiv» und «negativ» mittlerweile die Bedeutung von «gut» und «schlecht» angenommen haben, wie etwa in den Ausdrücken «positive Gefühle» und «negative Schwingungen». In diesem Buch möchte ich vermeiden, mich auf konstruktive Eigenschaften als «positive» zu beziehen oder auf ungünstige als «negative». In der modernen Physik kennzeichnen die Begriffe «positiv» und «negativ» lediglich Phänomene mit entgegengesetzten Reaktionen. Wenn wir über die positiven und negativen Pole einer Batterie sprechen, meinen wir nicht, daß der eine gut und der andere schlecht sei. Entsprechend sind die Ausdrücke Yin und Yang, die ursprünglich die zwei Seiten eines Berges bezeichneten, die gleichwertigen Widerspiegelungen voneinander, ohne daß der eine mit «gut» und der andere mit «schlecht» gleichgesetzt würde. Beide sind voneinander abhängig und befinden sich im Idealfall in völligem Gleichgewicht. Strenggenommen ist Yin die Abwesenheit von Yang. Wenn etwas existiert, dann ist es Yang. Die Abwesenheit dieser Eigenschaft ist Yin. Deshalb werden Hitze und Licht als Yang und Kälte und Dunkelheit als Yin betrachtet.

Das *Buch der Wandlungen*, das *Zhou Yi* oder *I Ging*, führt die Theorie von Yin und Yang als gleichberechtigte Gegensätze aus. Nicht jeder versteht dies. Vor einigen Jahren wurde ich gebeten, ein Buch zu rezensieren, das ein «femi-

Die Ausgeglichenheit von Yin und Yang bedeutet völlige Ausgewogenheit, hier dargestellt am Beispiel des Wiegens.

nistisches» *I Ging* sein sollte, in dem das alte chinesische heilige Buch aus einer weiblichen Sichtweise neu geschrieben worden war. Wie war das möglich? Wie kann man etwas wiegen, wenn die Waagschalen auf beiden Seiten keine Gewichte haben? Angenommen, es gäbe einen anderen Planeten, auf dem sich Leben entwickelt hätte, aber die Wesen aller Gattungen wären ausschließlich weiblich. Wären sie Yang oder Yin? Da es kein Yang gäbe, könnte auch kein Yin sein. Aber ohne Yin könnte es auch kein Yang geben.

Auf unserem eigenen Planeten gedeiht das Leben in solchen Gegenden in üppiger Fülle, wo sich die Yang- und

Yin-Qualitäten in einem vernünftigen Gleichgewicht befinden. In Wüstenregionen, wo es große Hitze, aber kein Yin-Wasser gibt, herrscht das Yang im Übermaß – tatsächlich ausschließlich – vor, so daß dort kein Leben gedeiht. An den Polen, wo massenhaft Yin-Wasser, aber keine Yang-Energie ist, herrscht zu große Kälte, als daß dort viel Leben möglich wäre. In gemäßigten Zonen aber, wo Yin und Yang ausgeglichen sind, haben sich große Zivilisationen entwickelt.

Das Gleichgewicht von Yin und Yang ist lebensnotwendig

Krankheiten und Unglück ereignen sich, wenn das Gleichgewicht zwischen Yin und Yang gestört wird. In gemäßigten Klimazonen erkälten sich die Menschen im Winter, wenn die Yin-Kräfte dominieren; wenn die Yang-Kräfte in der Hitze des Sommers überwiegen, ist es wichtig, sich gegen Sonnenbrand, Hitzschlag und Lebensmittelvergiftungen zu schützen. In den Tropen, wo ein Überfluß an Yin-Wasser wie auch an Yang-Hitze herrscht, besteht die immerwährende Gefahr von Taifunen und zerstörerischen Wirbelstürmen.

Wie man sich Yin und Yang nutzbar macht

In einem glücklichen Haushalt oder an einem energiegeladenen Arbeitsplatz sind Yin und Yang ausgeglichen. Vorhänge und Rolläden werden benutzt, um die Yang-Kräfte bei übermäßigem Lichteinfall zu dämpfen, während eine diskrete Anordnung von Lampen die Yang-Qualitäten verstärkt, wenn Yin dominiert.

Zu viele Fenster können ebenso wie der übertriebene Gebrauch großer Spiegel ein zu starkes Yang hervorbringen, was keineswegs beruhigend ist. Wenn wir versuchen, einem Gespräch zu folgen, ersticken manchmal viele Hintergrundgeräusche die Laute, die wir hören wollen. In gleicher Weise kann ein Übermaß an Licht in so heftiger Weise Yang stimulieren, daß es wesentliche Einzelheiten in den Schatten verbannt.

Die gelegentliche Einnahme von Aspirin kann sehr nützlich, doch der Verbrauch einer ganzen Flasche kann tödlich sein. Leute, die ihre Phantasie aus zweiter Hand beziehen, entdecken oft eine erfolgreiche Idee und versuchen sie zu übertreffen – mit katastrophalen Ergebnissen. Architekten und Designer sind da keine Ausnahme. Beispielsweise gibt es eine Theorie, derzufolge der Einbau vieler Fenster in jeder Wand ein Gefühl vermittle, als befinde man sich in der freien Natur, und zu gesteigerter Arbeitskraft führe. Aber im Freien gibt es keine Decken, nur den offenen Himmel. Daher sind Großraumbüros mit niedrigen Decken ungemütlich, und die Fenster an jeder Seite unterstreichen nur den klaustrophobischen Charakter der niedrigen Decke. Architekten müssen sich beim Entwurf großer öffentlicher Gebäude fragen, warum so viele Werkstätten, Einkaufszentren und Büros so bedrückend sind, während die großen mittelalterlichen Kathedralen, die nur schwach beleuchtet und düster waren, immer eine Atmosphäre der Offenheit und Klarheit ausstrahlten.

Spiegel gehören zu den nützlichsten Feng-Shui-Werkzeugen, aber man muß ihren Einsatz begrenzen. Manchmal machen große Kaufhäuser den Fehler, tragende Säulen mit Spiegeln zu verkleiden. Dadurch wird der Eindruck vermittelt, als gebe es mehr Ladentische und der Laden sei viel größer, als er in Wirklichkeit ist. Auf umherirrende Kunden kann das aber sehr verwirrend und desorientierend wirken und dazu führen, daß sie schließlich verärgert den Laden wieder verlassen.

Schließlich waren sich die alten Philosophen einig, daß Yin und Yang zusammen den ersten kosmischen Atemzug, Qi, begründeten, und damit beginnt auch unsere Darstellung über Feng-Shui.

Qi

Sobald man mit irgend jemandem über Feng-Shui spricht, fällt das Wort *Qi* (oder nach alter Schreibweise *Ch'i* oder sogar *Tsi*). Eine ganze Reihe von Feng-Shui-Begriffen kann man nicht genau übersetzen, und Qi ist wohl das bekannteste Beispiel. Dem Wort begegnet man in fast jedem Bereich der chinesischen Kultur, von der Kunst bis zur Medizin. Man könnte Qi das wichtigste Beurteilungskriterium in jeder Feng-Shui-Situation nennen. Feng-Shui-Anhänger mögen unterschiedlicher Meinung sein hinsichtlich des wichtigsten Kriteriums, das man bei der Einschätzung der Feng-Shui-Eigenschaften eines Geländes beachten muß – vielleicht ist es vorrangig dessen Form, die Ausrichtung oder das Vorkommen von Wasser in seiner Nähe. Manche mögen seine Beurteilung zu einer Frage des Instinkts und der Inspiration erklären. Wenn auch die Meinungen hierzu unterschiedlich sind und die Experten verschiedenen Feng-Shui-Systemen folgen, so sind sich doch alle darin einig, daß ein bestimmtes Gelände dann ein gutes Feng-Shui hat, wenn es über viel lebenspendendes Qi verfügt.

Die Bedeutung von Qi

Bevor ich den Versuch unternehme, Qi zu beschreiben oder gar präzise zu definieren, möchte ich kurz abschweifen. Die folgende Anekdote mag in diesem Zusammenhang unbedeutend erscheinen, aber ich erzähle sie mit einer bestimmten Absicht, wie Sie gleich sehen werden.

Vor einigen Jahren hatte ich das große Vergnügen, eine Open-air-Aufführung von Verdis *Aida* im Amphitheater in Verona zu sehen, ein wahrlich wundervolles Schauspiel. Kaum hatte die Heldin das berühmte Solo «Patria mia» angestimmt, als meine Begleiterin, selbst eine Opernsängerin, erschauerte und sagte, ihr gefalle die *Arie* nicht und das *Tempo* finde sie störend. Da ich meine Begleiterin tags zuvor das gleiche Stück hatte singen hören, hielt ich sie zuerst für überkritisch, bis ich erkannte, daß sie gar nicht über die Musik oder die Aufführung sprach, sondern über das Wetter *(tempo)* und die kühle Luft *(arie, engl. air)*, die sie erschauern ließen! Ähnlich bedeutete ursprünglich das chinesische Wort *qi* «Luft» im weitesten Sinne, und im Umgangschinesisch bedeutet *tien qi* oder «Himmels-Qi» «Wetter». So wie wir ein Gemälde oder ein Musikstück mehr seiner «Atmosphäre» als seines Themas wegen bewundern mögen, so würde ein chinesischer Kenner dessen «Qi» bewundern.

Qi – ein vielschichtiger Begriff

Das Wort läßt sich noch auf andere Bereiche beziehen. Zur Veranschaulichung der weiten Spannbreite des Begriffs gibt es die allgemeine Feng-Shui-Erklärung, daß «Feuer und Wasser zusammen Qi ergeben». Diese Äußerung wird erst klar, wenn man weiß, daß es im Chinesischen gebräuchlich ist, mit Qi Dampf zu bezeichnen. Ein chinesischer Koch, der über das «Qi» in der Küche spricht, bezieht sich wahrscheinlich eher auf den Vorgang des Gemüsekochens, als daß er irgendwelche metaphysischen Gedanken äußert. Ein Automechaniker würde dasselbe Wort, Qi, zur Bezeichnung von Motoröl gebrauchen, während im modernen Sprachgebrauch chinesische Wissenschaftler mit diesem Wort Gas meinen (*Yang Qi* ist zum Beispiel Sauerstoff), genauso wie die Alchimisten früher jegliche Substanz in Dampfform als «Luft» bezeichneten.

Unabhängig von dem jeweiligen Zusammenhang ist dem Wort *Qi* zusätzlich die Bedeutung einer lebenspendenden Kraft zueigen. In der traditionellen chinesischen Medizin kennt man verschiedene Arten von Qi. Die Luft, die wir in den Körper hinein- und wieder ausatmen, wird mit «Brust»-Qi, also auf Organebene mit der Lunge, in Verbindung gebracht. Dann gibt es das «nährende» Qi, das in Bezug zum Herzen steht und sich im Blutkreislauf zeigt. Dieses Phänomen war chinesischen Ärzten bereits Jahrhunderte vor seiner Wiederentdeckung durch William Harvey bekannt. Schließlich gibt es das «natürliche Qi», das mit der Aufnahme und Ausscheidung von Nahrung und Wasser zu tun hat und auf die Nieren bezogen ist. Das körpereigene Immunsystem stellt sich in einem vierten Qi-Typ dar, dem «abwehrenden Qi», das Krankheiten bekämpft und beweist, daß die Chinesen früherer Zeiten durchaus um die Fähigkeit des Körpers wußten, sich selbst zu regenerieren. Die Kenntnis von Qi und seine Anwendung sind in allen Bereichen der traditionellen chinesischen Medizin von wesentlicher Bedeutung, wie etwa in der Akupunktur, der chinesischen Massage-Praxis *tuina*

Verschiedene Arten von Qi

oder der chinesischen Kräutermedizin. Die traditionelle Form der therapeutischen Übung, die unter dem Namen *Qigong* bekannt ist, ist noch deutlicher und vollständig der Lehre des Qi und seiner Fähigkeit gewidmet, die körpereigenen Heilungsprozesse anzuregen.

Diese wenigen Beispiele genügen, um aufzuzeigen, daß die Bedeutungsvielfalt von Qi viel breiter ist, als Begriffe wie «Luft» oder «Atmosphäre» vermitteln. Dennoch gibt es ein Kennzeichen von Qi, das all diesen Beispielen gemeinsam ist. Ob es sich nun um den Blutkreislauf in unseren Körpern handelt oder um das kaum merkliche Aufschießen der Säfte in einer Pflanze oder gar um die Benzineinspritzung eines Verbrennungsmotors: Die gemeinsame Antriebskraft ist das Fließen.

Gebäude ähneln lebenden Organismen

Auch wenn Gebäude unbeweglich – oder, wie die Franzosen sagen, *immeuble*, d. h. immobil – sind, so sind sie doch nicht statisch. In vielerlei Hinsicht ähneln sie lebenden Organismen. Sie wandern zwar nicht von einem Ort zum andern, aber schließlich tun Bäume das auch nicht. Die Wände eines Gebäudes sind das Gerüst, oder der Panzer, für die Menschen, die darin leben und arbeiten. Diese wiederum sind wie dessen Zellen und kleinste Teilchen, befriedigen die Bedürfnisse des Gebäudes und halten seine Funktionalität aufrecht. So wie wir Gebäude brauchen, um in ihnen zu leben, so brauchen die Gebäude ihre Bewohner, um lebendig zu bleiben. Die Menschen sind abhängig von dem ständigen Qi-Fluß – Luft, Wasser, Ernährung, Anregung –, um zu leben, und in gleicher Weise wird die Vitalität eines Hauses erlöschen, oder die Schönheit eines Gartens schwinden, wenn es nicht seine eigenen Formen von Qi hat.

Noch im kleinsten Garten bieten sich Möglichkeiten, das Feng-Shui zu verbessern. Hier wurde ein Zwischenpfad angelegt, um potentielles Sha (siehe S. 57 ff.) abzuwehren.

Die Theorie über das Qi ist nicht einfach nur irgendeine mystische östliche Philosophie. Vieles davon kann schnell in Begriffen erklärt werden, die für den westlichen, sogenannten rationalen Geist nachvollziehbar sind. Diese Aspekte kann man praktisches Qi nennen. Sie haben mit dem Strom frischer Luft (atmosphärisches Qi), ausreichender Beleuchtung (beleuchtendes Qi) und den Bewegungen von Menschen und Dingen (mobiles Qi) zu tun.

Dann gibt es noch weitere Aspekte des Qi, die sich mit psychologischen Begriffen erklären lassen, während andere sich einer Klassifizierung nach westlichen Standards entziehen – solche Merkmale finden westliche Rationalisten am unbequemsten. Da es im konventionellen westlichen Denken für diese «irrationale» Seite des Feng-Shui keine Kategorie gibt, wird sie als reiner Aberglaube abgetan.

Aber während das westliche Denken die praktischen

Und als ob dies nicht bereits verwirrend genug wäre, hat eine beträchtliche Menge chinesischer Lehren den Westen über Japan erreicht, und in japanischer Schreibweise erscheint das Wort Qi als «Ki». So erklären sich beispielsweise «rei-ki» (chinesisch *ling-qi*), die Wortschöpfung «Kiologie» (chinesisch *qi-jia*) und «Ki» für «Qi» selbst.

und psychologischen Aspekte des Feng-Shui nachvollzie-
hen kann, erfordern abweichende Umstände andere «rationale» Erklärungen. Die Theorie des Qi ist jedoch umfassend
und läßt sich auf jede Situation anwenden. In westlichem
Denken sind zum Beispiel die Faktoren, anhand derer man
den Luftfluß beschreibt, andere als jene, die die Lichtqua-
lität erfassen. Aber in der Qi-Theorie bestimmen nur einige
wenige Grundprinzipien die Qualität einer Situation, und
es spielt keine Rolle, ob das Qi zum Bereich des Atmosphärischen, der Lichtverhältnisse, des Bewegungsflusses,
der Psychologie oder des Irrationalen gehört.

Wir wollen daher die unterschiedlichen Arten des Qi genauer betrachten und mit dem Typ beginnen, der am meisten dem Rationalen und Materiellen verhaftet ist – dem atmosphärischen Qi.

Atmosphärisches Qi

**Gebäude müssen
atmen**

Das atmosphärische Qi im Körper beschreibt den Strom
des Atems in den Körper hinein, seine Reise durch die Lungen und wieder hinaus. Entsprechend bezieht sich das atmosphärische Qi auch auf den Luftstrom durch ein Gebäude. Die Tür eines Gebäudes ist sein Mund – auf
chinesisch wird der Gebäudeeingang *ho men*, Mundtor, genannt. Wie wir müssen auch Gebäude atmen. Wenn keine
frische Luft zirkuliert, werden Gebäude feucht und
modrig. Die alten Schriftgelehrten sagten, daß Gebäude
ohne jeden Qi-Fluß krank werden. Nun ist uns aber bekannt, daß viele moderne Gebäude, deren Design Fehler
aufweist, an einem «Kranke-Gebäude-Syndrom» leiden.

Diese Art von Qi wird durch Windspiele und hängende Hilfsmittel offenbart, die bei einigen Feng-Shui-Praktikern so beliebt sind. Beachten Sie, daß das wesentliche Wort hier «offenbart» lautet, nicht «aktiviert». Wenn die Luft fließt, läßt sie die Windspiele erklingen; wenn die Luft nicht fließt, geben die Windspiele nicht das kleinste Tönchen von sich. Es gibt ein gebräuchliches, aber völlig nutzloses Hilfsmittel, das häufig an Küchen- und Badezimmerfenstern sowie anderen geschlossenen Räumen angebracht ist: ein Plastikrad mit Windmühlenflügeln, die durch eine leichte Brise gedreht werden. Vermutlich soll es die Luftzufuhr verbessern. Das funktioniert natürlich nicht, da die Flügel sich nur drehen, wenn Wind weht. Ohne Wind aber, gerade wenn ein Drehrad am dringendsten gebraucht wird, um schlechte Luft zu vertreiben, bleibt das Rad bewegungs- und sinnlos.

Es ist gleichermaßen sinnlos, Windspiele aufzuhängen, wenn die Absicht nur darin liegt, die Qi-Energie anzuregen, denn das Gegenteil trifft zu: Einzig das Qi läßt die Glocken erklingen. Man könnte sogar behaupten, daß das Windspiel theoretisch den Qi-Fluß hemmt, indem es dessen Energie abzieht. Dennoch können Windspiele, wie wir in einem späteren Kapitel sehen werden, manchmal ein angemessenes Feng-Shui-Korrektiv darstellen. Wenn ein Feng-Shui-Berater Ihnen sagt, Sie sollen Windspiele an einer bestimmten Stelle aufhängen, sollten Sie ihn nach dem Grund fragen. Falls Sie darüber hinaus der Meinung sind, daß Windspiele hübsch aussehen und einen fröhlichen Klang verbreiten, hängen Sie sie unbedingt irgendwo auf, wo sie Ihnen gefallen. Nun aber zu den wesentlichen Grundlagen des atmosphärischen Qi.

Man kann durchaus die These aufstellen, daß das am meisten arbeitserleichternde Gerät des 20. Jahrhunderts

Windspiele als Feng-Shui-Hilfsmittel – ein verbreiteter Irrtum

die annähernd weltweit eingeführte Zentralheizung sei. Natürlich erinnere ich mich an die Mühsal, allmorgendlich ein Feuer zu entfachen. Im Winter, wenn man das Feuer besonders brauchte, mußten wir noch zusätzlich Kohlen aus einem schneebedeckten Haufen schaufeln und mit gefrorenen Fingern nasses Holz zum Anzünden schlagen. Gerade dann war es am schwierigsten, das Feuer zu entfachen, und in solchen Zeiten fiel uns die verhaßte Aufgabe zu, ein paar Flammen aus dem Küchenherd zu holen, was wir sogar noch schlimmer fanden.

Die Luft muß zirkulieren können

Aber so ungern ich zu den vergangenen Zeiten zurückkehren wollte, muß ich doch feststellen, daß die wunderbare Neuerung keine reine Wohltat war. Wann immer eine Zentralheizung eingebaut wird, geschieht dies kosten- und umweltbewußt sowie energiesparend, um die Haushaltskasse nicht zu sehr zu belasten. Doppelverglasung, Wärme- und Dachisolierung mögen ja unsere Abhängigkeit von fossilen Brennstoffen vermindern, aber leider bringen sie andere Risiken mit sich. Die alten Häuser mit ihren Fugen und Spalten und offenen Kaminfeuern waren zwar für ihre ständige Zugluft bekannt, aber diese unbequemen Luftzüge sorgten doch dafür, daß schlechte Luft und mit Krankheitserregern angereicherter Staub auf- und durch die Kamine davongewirbelt wurden. Die Zimmer wurden ständig gereinigt, ohne daß man auf Desinfektionsmittel und chemische Duftmittel zurückgreifen mußte. In den modernen ergonomischen Häusern, die fast hermetisch versiegelt sind, bleibt die Luft in einem Raum stehen. Ausgeatmete Luft wird wieder eingeatmet; Kerzen und Zigaretten verbrauchen Sauerstoff; Schweiß und weniger angenehme Körpergerüche machen sie stickig, und Ventilatoren und andere Geräte bewegen die Luft lediglich im Kreis, anstatt sie zu erneuern. Um es auf eine knappe Feng-Shui-Formel zu bringen: Wenn das Qi nicht fließt, stirbt es. Wir müssen keine mystischen Gründe für die alltäglichen praktischen Anwendungen dieser Regel des gesunden Menschenverstandes suchen. Wenn Zentralheizungssysteme oder Gasboiler installiert werden, schreiben gesetzliche Regelungen eine angemessene Luftzufuhr vor. Hersteller von Kühlschränken, Tiefkühltruhen und Herden empfehlen ja auch einen Mindestabstand zwischen Geräten und Wänden.

Ausgehend von der Überlegung, daß die Erde als natürliche Isolierung dient und Heizkosten enorm gesenkt werden, hat man verschiedentlich mit Erfolg Gebäude unterirdisch konstruiert. Trotzdem verlangen diese architektonischen Experimente beträchtliche Überlegungen, besonders hinsichtlich adäquater Belüftung und Beleuchtung. Diese fesselnden Projekte erfordern gewöhnlich komplizierte Technologien. Als Energie bevorzugt man sich erneuernde Formen wie Windenergie und Solarzellen. Sie liefern die Energie, die zusätzlich erforderlich ist, um die unterirdische Versorgung zu gewährleisten. Nach Feng-Shui-Gesichtspunkten wird die zusätzliche Energie gebraucht, um den Qi-Fluß anzuregen und zu lenken.

An weniger ausgefallenen Orten ist die schädliche Wirkung geschlossener Räume häufig nur zu offensichtlich. Verschiebt man Schränke, die jahrelang am selben Platz gestanden haben, kann man manchmal unerwartete – und nicht immer angenehme – Entdeckungen machen. Die Chance, auf das verlorene Testament eines Onkels zu

In geschlossenen Räumen stirbt das Qi

stoßen, ist weitaus geringer als die, Schimmel und Pilzbefall vorzufinden, die sich nur zu häufig in unbelüfteten, abgeschlossenen Räumen ungestört ausbreiten.

Keller und Lagerräume ohne Fenster sind in der Regel feucht und bedrückend, das Qi kann nicht entweichen, verliert seine Lebensenergie und stirbt.

Eine wichtige Feng-Shui-Regel lautet, daß Schlafzimmer nicht über geschlossenen Räumen wie Garagen oder Vorratsspeichern liegen sollten, wo das Qi nicht frei zirkulieren kann. Auch wenn dieses Axiom bereits vor Hunderten, wenn nicht Tausenden von Jahren weitergereicht wurde, ist es in heutiger Zeit genauso gültig. Wir verbringen ein Drittel unseres Lebens im Bett. Steht das Bett über einer Garage, ist der Schläfer den Benzindämpfen und Schmutzpartikeln ausgesetzt, die ständig und unmerklich aufsteigen. Auch wenn man mittlerweile vorzugsweise bleifrei tankt, ist der Verbrennungsmotor nicht völlig frei von Blei. Im Benzin mag kein Blei mehr enthalten sein, aber in der Batterie sehr wohl . Es gibt sogar noch andere Gefahren, die gar nicht direkt dem Blei zuzuschreiben sind, sondern winzigen Spuren seltener Elemente, die normalerweise in Bleimetall nachzuweisen sind. Die Mengen mögen mikroskopisch sein, aber über einen längeren Zeitraum wird die Anreicherung von Fremdbestandteilen wie Thallium, das Gehirn- und Nervenstörungen bewirkt, im Körpergewebe gefährlich.

Und noch eine weiter alarmierende Entdeckung hat wieder einmal die alten Weisen bestätigt. In Gegenden, wo die Bodenstruktur überwiegend aus Granit besteht, setzen winzige Spuren von Uran in den Felsen aufgrund natürlichen nuklearen Zerfalls radioaktives Radongas frei. Normalerweise wird dieses harmlos in die Atmosphäre verteilt, aber in auf Granit gebauten Häusern sammelt es sich erwiesenermaßen in potentiell riskanten Mengen in den Fundamenten und Kellern an. Früher war die unvollkommene Isolierung alter Anwesen der Grund dafür, daß verbrauchte Luft nie lange genug stehenblieb, um eine Bedrohung darzustellen, aber das moderne energiesparende Haus führt leider tatsächlich dazu, daß die allmähliche, aber unvermeidliche Konzentration des todbringenden Gases einen Anstieg von Krebs- und Leukämie-Erkrankungen nach sich zieht. Daher lautet die erste Regel des Qi, daß es fließen soll, denn eingesperrt stirbt es.

Beleuchtendes Qi

Licht ist in unserer Umwelt von größter Bedeutung, und es ist ein lebenswichtiger Bestandteil von Qi. Genau betrachtet brauchen wir – wie uns die Blinden beweisen – im Gegensatz zu Pflanzen kein Licht, um zu existieren. Dennoch ist das Licht für unser psychisches und physisches Wohlbefinden wesentlich. Nicht nur benötigen wir Licht für das Wachstum der Pflanzen, die unsere Ernährungsgrundlage darstellen; durch Sonnenlicht-Einwirkung produziert unsere Haut auch Vitamin D, das für die Kalzium-Versorgung im Körper und einen gesunden Knochenbau nötig ist.

Unsere Augen reagieren auf ein breites Lichtspektrum, das von gleißendem Licht unter tropischer Sonne bis zu den schwach erleuchteten Innenräumen düsterer Kellergewölbe reicht. Wie eine Kamera nehmen die Augen Licht auf und stellen sich auf die hellste Lichtquelle ein. Sogar der unbegabteste Fotograf weiß, daß er nicht gegen die Sonne fotografieren darf.

Gegenüberliegende Fenster sind ungünstig

Zimmer, die sich von der Vorder- bis zur Rückseite des Hauses erstrecken und an beiden gegenüberliegenden Wänden Panoramafenster haben, gelten nach der Feng-Shui-Theorie als extrem ungünstig. Das Qi zieht nämlich zu schnell durch den Raum hindurch, um ihn noch beleben zu können. Zusätzlich zu dieser das Qi betreffenden Erklärung gibt es noch zwei westlich-rationale Gründe. Der eine ist psychologischer Natur, der andere hat mit dem Licht zu tun. In der Praxis erscheint die Mitte des Raumes dunkler, da die Augen zwei Lichtquellen wahrnehmen und sich auf die Helligkeit an beiden Seiten einstellen. Abends nimmt man den Effekt bei geschlossenen Vorhängen weniger deutlich wahr, aber am Tag erscheint das Raumzentrum oft düster und wenig einladend.

Hierauf wies ich einmal eine Dame hin, in deren interessantem Landhaus es ein nettes, kleines Wohnzimmer mit gegenüberliegenden Fenstern und einem großen offenen Steinkamin an der Wand dazwischen gab. Am Kamin standen zwei bequeme Sessel, die merkwürdigerweise wenig einladend wirkten. Ein klassisches Beispiel für einen Raum, durch den das Qi hindurchzieht und in dem es einen negativen Bereich in der Mitte hinterläßt. Ich schlug der Dame vor, morgens mit Jalousien oder Rolläden das westliche Fenster zu verdunkeln und es am Nachmittag zu öffnen, um die Sonne hereinzulassen. Gleichzeitig sollten dann die Vorhänge auf der anderen Seite zugezogen werden. Sie nickte zustimmend, doch als ich sie Monate später wieder aufsuchte, mußte ich feststellen, daß sie meine Anweisungen nicht befolgt hatte. Sie entschuldigte sich dafür und gab als Grund an, daß der Raum abends bei zugezogenen Vorhängen und brennendem Kaminfeuer warm und heiter wirke – und zudem tagsüber ohnehin nie benutzt werde!

Offenstehende Türen oder durch Glas ersetzte Wände garantieren nicht immer, daß genug Licht in ein Zimmer fällt. Manchmal wird dadurch nur das Qi verdrängt. Ich habe oft vorgeführt, wie die Innenbeleuchtung augenscheinlich verbessert werden kann, wenn man Türen schließt und weniger Licht in einen Raum läßt.

Theaterproduzenten sind mit diesem Effekt bestens vertraut. Ein Freund von mir, ein Theaterregisseur, wurde von dem Direktor seines Sohnes wegen des Kaufs einer Beleuchtungsanlage für das Schultheater um Rat gefragt. Er gab ihm wohlüberlegte, detaillierte Tips zur notwendigen Ausrüstung und machte sogar Vorschläge, wo diese besonders günstig zu kaufen war. Irritiert war er dann, als der Direktor ihn später anrief und wegen seiner Beleuchtungsvorschläge zur Rede stellte.

«Ihr Vorschlag hat sich als völlige Geldverschwendung herausgestellt», tobte der Direktor. «Selbst wenn alle Lichter eingeschaltet sind, kann man die Leute auf der Bühne nicht sehen.» Mein Freund mußte ihn sanft darauf hinweisen, daß die Schauspieler nicht gesehen werden konnten, gerade weil alle Lichter an waren. «Schalten Sie die hinteren Lichter aus», schlug er vor, «dann kann man besser sehen.» Und so war es auch.

Wie schon erwähnt, gilt ein Flur, der geradewegs von der Vorder- zur Rückseite eines Hauses verläuft, nach Feng-Shui als äußerst ungünstig. Das hängt unter anderem mit dem unvollkommenen Beleuchtungs-Qi zusammen. Wenn ein langer Korridor Türen hat, sollten sie geschlossen bleiben. Geben Sie nicht der Versuchung nach, vergla-

Der subjektive Faktor bei der Wahrnehmung von Helligkeit

ste Türen einzubauen, um die Lichtverhältnisse zu verbessern.

Ein Kind, das ein Haus malt, zeichnet nur die Fensterrahmen und läßt das Innere frei, weil man Glas nicht sehen kann. Ein erfahrener Künstler allerdings wird die Fenster schwarz malen, weil sie genau so erscheinen. Verglaste Türen und offene Räume lassen das Licht nicht in jeden Bereich, sondern hinterlassen ein klaffendes schwarzes Loch. Werden Türen geschlossen oder verglaste Türen durch feste ersetzt, mag man die wissenschaftlich meßbare Lichtmenge verringern, aber die relative Helligkeit nimmt zu. Wenn Sie die Angewohnheit haben, Türen offenstehen zu lassen, um einen abgeschlossenen Bereich besser zu beleuchten, können Sie sich dieses Phänomen leicht selbst vor Augen führen. Sie müssen allerdings ein paar Minuten warten, damit Ihre Augen sich an die verringerte Lichtmenge gewöhnen können. Dann aber erscheinen Bereiche, die zuvor dunkel waren, im Vergleich zu ihrer Umgebung heller.

In meinem eigenen Haus hatte es einen kleinen Frühstücksraum gegeben, der um die Jahrhundertwende das Herzstück des Hauses gewesen wäre. Als dann in den Sechzigern «Modernisierung» der letzte Schrei war, hatte man eine zusätzliche (Glas-)Tür eingebaut und die ehemals soliden Pinientüren durch solche mit Glasscheiben ersetzt. Das Zimmer konnte kaum noch als solches betrachtet werden, da es nun eher ein offener Bereich, eine Art Pufferzone zwischen Küche und Wohnzimmer, war und von da ab kaum noch genutzt wurde. Vor wenigen Jahren wurde ich leider das Opfer eines Hauseinbruchs. Die Einbrecher schlugen das Glas der abgeschlossenen Innentüren ein. Anstatt es jedoch zu ersetzen, nutzte ich die

Gelegenheit, wieder zum ursprünglichen Stil zurückzu-
kehren. Die Veränderung war überwältigend. Ein zuvor
verschwendeter Wohnbereich war unverzüglich in einen
gemütlichen Eßraum verwandelt und verlieh dem gesamten Haus einen Eindruck von Charakter und Einheit.

Beleuchtung und Ausrichtung

In jener gleichen Epoche des architektonischen Vandalis-
mus wurde meine Heimatstadt Manchester Opfer einer
Stadtplanung, die in großem Stil durchgeführt wurde. Der
alte Stadtteil, zu dem Manchesters ältestes Wirtshaus aus
dem 14. Jahrhundert gehörte, wurde abgerissen und
mußte einer riesigen Einkaufszeile weichen, die seinerzeit
wohl die größte in Europa war. Sie war nicht nur ein architektonischer Alptraum (das gigantische, braun gekachelte

Innenansicht des Arndale
Center in Manchester,
nachdem das Dach ent-
fernt worden war, so daß
natürliches Licht einfallen
kann.

Kaufhaus wurde wegen seines Erscheinungsbildes treffend mit einer riesigen öffentlichen Bedürfnisanstalt verglichen), sie war in ihren Anfangsjahren auch ein wirtschaftliches Desaster. Da sie gänzlich abgeschlossen war, mußte sie vollkommen künstlich beleuchtet und belüftet werden. Die Atmosphäre wirkte auf mich klaustrophobisch, und ich hielt es dort längstens eine halbe Stunde aus. Dabei war ich nicht der einzige, der so empfand. Man gewöhnte sich nur langsam an diese Einkaufsstraße, und viele Einzelhandelsgeschäfte mußten wieder schließen.

Nachdem man verzweifelt Marktforschung betrieben hatte, wurden radikale Änderungen vorgenommen. Die (enorm kostspielige) Hauptveränderung bestand in der Entfernung einer ganzen Etage, in der Büros untergebracht waren, um die bedrückende Decke durch ein Glasdach zu ersetzen. Der Erfolg war so groß, daß man trotz der hohen Umbaukosten die Innovationen weiter ausdehnte. Heute hat die Einkaufsstraße genug natürliches Licht, so daß die Käufer sich wohler fühlen und die Geschäfte dort blühen, wo vorher reihenweise leere Auslagen zu sehen waren.

Zu dem hier Gesagten gibt es übrigens eine dramatische Fortsetzung. Wenige Wochen, nachdem ich den Absatz geschrieben hatte und noch während das Manuskript für dieses Buch in Vorbereitung war, wurde das Einkaufszentrum praktisch völlig durch einen terroristischen Bombenanschlag zerstört, den ich sogar von meinem mehrere Meilen entfernt gelegenen Haus aus hören konnte. Die Zerstörung war von ungeheurem Ausmaß, aber damit hat sie auch einen Weg für eine komplette Neuplanung des vielgeschmähten Einkaufszentrums freigemacht. Ich schreibe dies, gerade nachdem der stellvertretende briti-

sche Premierminister einen von der Regierung finanzier-
ten Wettbewerb für Entwürfe eines neuen Stadtzentrums
angekündigt hat.

Man muß sich zweier Tatsachen bewußt sein:

Erstens: Auch wenn sich unsere Augen verschiedenen
Lichtstärken anpassen können, ist der Unterschied zwischen hellem künstlichem Licht und Tageslicht tatsächlich
himmelweit. Käufer brauchen vielleicht kein Sonnenlicht,
um die ausgestellten Waren zu sehen, aber unbewußt nehmen sie die Abwesenheit von Sonnenenergie, *Yang Qi*,
wahr. Nicht zufällig haben chinesische Chemiker den Begriff *Yang Qi* zur Bezeichnung des lebenserhaltenden
Luftsauerstoffs übernommen.

Zweitens: Ein weiterer Grund für die wesentliche Bedeutung von natürlichem Licht liegt darin, daß es uns in
die Lage versetzt, uns zu orientieren. Auch wenn die Sonne
nicht zu sehen ist, vermittelt uns die Abstufung des Lichts
am Himmel einen Eindruck von Ort, Himmelsrichtung
und Orientierung – selbst wenn dieser sich als irreführend
erweist. Die legendäre Neigung von Menschen, die sich in
der Wüste verirrt haben und im Kreis laufen, hängt nicht,
wie gemeinhin angenommen, damit zusammen, daß ein
Bein länger als das andere ist, sondern mit dem mottenhaf-
ten Instinkt, die Sonne immer im Blick zu behalten. Natürlich wandert die Sonne am Himmel entlang, so daß der un-
aufmerksame Wanderer ständig die Richtung wechselt.
Wenn künstliches Licht gleichmäßig über ein Gebiet verteilt ist, fehlt ein solcher Hinweis auf die Himmelsrichtung.
Pflanzen, die unter gleichmäßig verteiltem künstlichem
Licht gezogen werden, entwickeln sich zu einem konfusen
Knäuel, anstatt nach oben zu wachsen. Wenn schon eine

**Himmelweiter
Unterschied
zwischen
natürlichem und
künstlichem Licht**

einfache Pflanze so verwirrt werden kann, wieviel mehr dann wir.

Mittlerweile ist allgemein bekannt, daß Menschen, denen natürliches Licht entzogen wird, zu Depressionen neigen. Sogar eine Verringerung natürlichen Lichts kann zu physischer oder psychischer Krankheit führen, einem verbreiteten Syndrom eines jahreszeitlich bedingten Stimmungstiefs. Die kalten Länder des Nordens besitzen einige der schönsten Landschaften der Erde, aber Alkoholismus und psychische Störungen kommen bei den Bewohnern arktischer Länder ungewöhnlich häufig vor. Dies läßt sich direkt darauf zurückführen, daß die langen Winternächte nervenzehrend sind und an einigen Tagen die Sonne überhaupt nicht am Horizont erscheint.

Ming Tang – ein freier Platz vor dem Haus

Da das beleuchtende Qi so wesentlich zu unserem Wohlbefinden beiträgt, gilt nach Feng-Shui die wichtige Regel, daß es vor einem Gebäude einen offenen Bereich geben soll, in dem sich Qi ansammelt. Dieser offene Bereich wird von Feng-Shui-Autoren als *Ming Tang* bezeichnet. Es kann sich dabei um einen See, einen Teich oder eingelassenen Garten handeln. Einige Leute bevorzugen als *Ming Tang* einen Teich vor dem Haus, aber das Vorhandensein von Wasser ist nicht unbedingt nötig, ja, in wenigen Fällen kann es sogar ungünstig sein, wie wir später sehen werden. Der Grund für die Einrichtung eines Wasserbereichs ist einfach der, daß man auf Wasser nichts bauen kann und dieses somit eine offene Stätte garantiert, wo sich *Yang Qi* ansammeln kann.

Ich habe verschiedentlich Häuser gesehen, von denen aus man einen herrlichen Blick auf die Landschaft hatte und die dennoch gemäß Feng-Shui nicht als günstig erachtet werden konnten. Die Häuser waren wegen der schönen Aussicht an Berghängen gebaut, allerdings hatte man nicht beachtet, daß die Aussicht nach Norden ging. Die Häuser waren an der Nordseite des Berges gebaut, und folglich war der Blick auf die Sonne verdeckt, wenn sie im Süden stand. Im Sommer profitierten die Häuser lediglich früh am Morgen und spät abends von direktem Sonnenlicht, während sie im Winter monatelang direkter Sonneneinwirkung beraubt waren.

Licht fällt von oben ein

Bei der Installation künstlicher Innen- oder Außenbeleuchtung sollte man bedenken, daß natürliches Licht von oben einfällt. Bilder, Skulpturen oder Gebäude kann man zwar sehr effektvoll von unten beleuchten, aber jegliche Lichtquelle, die der funktionalen Beleuchtung dient und nicht nur dekorativ ist, sollte oberhalb der Augenlinie angebracht sein. Tischlampen mögen sehr hübsch sein, aber wegen der Hitze der Glühbirne muß der Lampenschirm oben häufig offen bleiben. Dadurch strahlt das Licht nach oben und blendet die Augen.

Ein weiteres Beispiel für den architektonischen Wahnsinn der sechziger Jahre war die Zerstörung des Euston-Bahnhofs in London. Lange Zeit hatte er als Meisterwerk der Architektur des 19. Jahrhunderts gegolten. In einer Welle bilderstürmerischer Begeisterung wurden die stolzen weißen Sandsteingebäude abgerissen, das Mauerwerk als Bruchsteine verkauft und die vornehme Struktur durch grausige

Licht von unten blendet und schafft Schattenbereiche

schwarze und graue Steinblöcke ersetzt. Das bestimmende Thema war der «Raum», in dem die Menschen sich bewegten. Leider beinhaltete dies, daß es keinen Platz gab, wo man sich hinsetzen konnte. Nach einer Flut von Beschwerden wurden zögernd *zwölf* Sitzplätze aufgestellt, da die Architekten die künstlerische Wirkung der weiten Räume nicht durch so triviale Erwägungen wie die Bequemlichkeit der Zugreisenden gestört sehen wollten.

Aber es kam noch schlimmer. Nachts wurde der riesige schwarz-graue Bahnhofsvorplatz geschmackvoll von unten beleuchtet. Von weitem sah das natürlich sehr eindrucksvoll aus – solange man kein Reisender war, der abends ankam und durch das von unten hochscheinende Licht geblendet wurde. Wem es gelang, nicht die unsichtbaren Stufen hinunterzufallen, der mußte dann an einer Reihe von Bettlern, Dieben und Strolchen vorbei spießrutenlaufen, die im Schatten der turmhohen Steinblöcke auf der Lauer lagen. Heute hat sich die Lage leicht verändert. Der «Raum» innen ist nun angefüllt mit Kiosken, die Krawatten, Unterwäsche und andere Reiseutensilien verkaufen, während der Platz draußen jetzt von oben beleuchtet wird.

In vielen Gegenden der Welt, einschließlich Chinas, wurden Häuser traditionell um einen zentralen Hof gebaut, damit genug Licht von oben das Gebäude erleuchten konnte. Die Chinesen schmückten den Innenhof gern mit Pflanzen. Da die Sonne im Laufe des Tages wandert, war immer ein anderer Teil des Hofes dem direkten Sonnenlicht ausgesetzt. Damit die Pflanzen soviel Sonnenlicht wie möglich abbekamen, zog man sie in Töpfen, die immer wieder entsprechend dem Stand der Sonne verschoben wurden, damit sie deren Strahlen einfangen konnten. Solche Pflanzen nannte man *ben-zai*, was wandernde Pflanzen bedeutet. Hiervon leitet sich übrigens das japanische Wort *bonsai* für die Miniaturlandschaftsgärten ab.

Manchmal muß man verzweifelte Maßnahmen ergreifen, um das herabfallende Qi einzufangen. In England hatten beispielsweise die größeren viktorianischen Flachdachhäuser, die wohl allen Sherlock-Holmes-Anhängern bekannt sein dürften, ein Souterrain, in dem die Hausangestellten lebten und arbeiteten. Nur wenig indirektes Licht drang durch ein Fenster hinein, das auf einen geschlossenen «Bereich» hinausging, der häufig seinen eigenen Dienstboteneingang hatte. Heute sind die meisten dieser Keller in abgeschlossene Wohnungen umgewandelt und wegen ihrer zentralen Lage sehr begehrt. In kleineren Häusern war das Souterrain aber lediglich ein Keller, der ursprünglich sowohl als Kohlenraum wie auch als Waschküche verwendet wurde. (Erstaunlicherweise scheint es nie jemandem aufgefallen zu sein, daß der Kohlenschuppen ein eher ungeeigneter Ort für die Wäsche war.) Auch wenn der Keller ein Fenster hatte, fiel das Licht nur durch ein Gitter oberhalb eines schmalen Schachtes vom Gehweg aus ein. Ein chinesischer Freund war während seines London-Besuches entsetzt von der Vorstellung, daß jemand freiwillig in einer Wohnung mit so schrecklichem Feng-Shui leben konnte. Noch mehr erstaunte ihn, daß diese Wohnungen als gute Adressen galten. «Wenn diese Leute Erfolg im Leben haben wollen», erklärte er, «müssen sie woanders hinziehen.»

Seine Ansicht wird durch die Tatsache bestätigt, daß die Bewohner diese Wohnungen in der Regel entweder als reine Stadtunterkünfte benutzen und woanders ihren Hauptwohnort haben oder nur vorübergehend und mit kurzfristigen Zeitverträgen mieten.

Wie man das beleuchtende Qi verbessert

Wenn man das Fließen des beleuchtenden Qi betrachtet,
muß man das für alle Qi-Typen gültige Prinzip beachten,
daß es in sanften Kurven und nicht in einer geraden Linie
fließen sollte. Beim Licht ist dies natürlich nicht so leicht
möglich, denn es ist die natürliche Eigenschaft des Lichtes,
auf dem kürzesten Weg den Raum zu durchqueren. Türen
und Vorhänge erschweren sein direktes Entweichen,
während Spiegel und reflektierende Flächen seinen Weg
ändern. Auch muß man die Bedeutung beachten, die der
Beleuchtung von oben zukommt. Wenn wir uns später genauer die einzelnen Räume eines Gebäudes ansehen und
die verschiedenen Arten untersuchen, mit denen wir das
Qi für ganz gegensätzliche Ziele bündeln und nutzbar machen können, werden wir sehen, daß es zwar eine große
Bandbreite möglicher Lösungen geben mag, die man den
Umständen entsprechend anpaßt; doch die grundlegenden Prinzipien beschränken sich auf die wenigen Richtlinien, die ich hier dargelegt habe.

Wärmendes Qi

Gebäude brauchen nicht nur Luft und Licht, in den meisten Fällen müssen sie auch beheizt werden. Auch wenn
man fast immer von einer Partnerschaft zwischen Beheizung und Beleuchtung ausgeht, sind ihre charakteristi-
schen Merkmale sehr unterschiedlich. Licht bewegt sich
auf geraden Bahnen, aber Gebäude können in verschiedenen Zimmern durch offenes Feuer beheizt werden, durch
warme Luft, die über Rohrleitungen in das Zimmer gebla-

sen wird, oder über die Leitungen der Zentralheizung. Jede Form hat ihre eigene Art, «wärmendes Qi» zu transportieren.

Im traditionellen chinesischen Familienheim geht das wärmende Qi vom Küchenherd aus und bewegt sich von dort durch das Haus. In dieser Hinsicht unterscheidet es sich von anderen Formen des Qi, die von außen in das Gebäude hereinkommen. Wärmendes Qi ist wie ein Blutkreislauf: Es bewegt sich durch den Körper; und wenn keine Verletzung vorliegt, gibt es auch keine Stelle, an der das Blut den Körper verlassen oder in ihn eindringen könnte. Der sorgfältige Haushälter versucht eine unnötige Ausgabe für Brennstoff zu vermeiden, indem er das Haus gegen Durchzug sichert.

Der Körper hat seinen eigenen thermostatischen Mechanismus, der ihm die ganze Zeit dieselbe Temperatur erhält. Entsprechend muß ein Haus eine gleichmäßige Temperatur innerhalb bestimmter Grenzen aufrechterhalten, damit Hitze oder Frost der Struktur des Gebäudes keinen Schaden zufügen können.

Kamine fördern den Fluß von wärmendem Qi. Ein Teil der Wärme wird vom Feuer selbst ausgestrahlt, und ein anderer wird von warmer Luft weitergetragen. Leider geht eine große Menge an Wärme durch den Kamin verloren, wenn die Rauchabzüge nicht sorgfältig so geplant sind, daß sie die heiße Luft durch das Haus transportieren.

Einige ältere Häuser haben eine eingebaute Schwachstelle: Die Rauchabzüge befinden sich an der Außenwand des Hauses, und viel Hitze entweicht nach außen. Hätten deren Architekten erkannt, daß der Kamin das Herz des Hauses darstellt, so hätten sie zweifellos dafür gesorgt, daß sich

Wärmendes Qi zirkuliert durch das Haus wie Blut durch den Körper

Durch Kamine in der Außenwand geht zuviel wärmendes Qi verloren

Kamin und Abzug im mittleren Bereich des Gebäudes befinden und nicht an einer Seite. Offene Kamine lassen Qi zu schnell aus dem Haus entweichen. Eine einfache Lösung besteht darin, einen großen Spiegel über dem Kamin aufzuhängen – etwas, das unsere Vorväter noch stark beunruhigt hätte, da früher die Damen weite Reifröcke trugen und immer die Gefahr bestand, daß die weiblichen Familienmitglieder beim Blick in den Spiegel oberhalb des offenen Kamins Feuer fangen würden.

Heute, da die großen offenen Kamine eher ornamental als zweckmäßig sind, ist der über dem Kaminsims angebrachte Spiegel praktisch eine Notwendigkeit und hilft, sowohl das beleuchtende wie das wärmende Qi auf einen anderen, günstigeren Weg umzulenken.

Daß Hitze nach oben steigt, ist bekannt oder, wie man aus Feng-Shui-Sicht sagen könnte: Wärmendes Qi steigt nach oben, während beleuchtendes Qi nach unten sinkt. Im Westen wurden Aspekte der effizienten und wirkungsvollen Beheizung erschöpfend erforscht, und diese Thema ist nun ein solches Allgemeingut, daß sich ein weiterer Kommentar zum Fluß des wärmenden Qi erübrigt.

Mobiles Qi

Die Bewegung der Menschen, ob zu Fuß oder in einem Transportmittel, auf der Straße oder einem Fluß, führt uns zu einer weiteren Form des Qi: dem mobilen Qi. Es gibt einen ganzen Feng-Shui-Zweig, der sich ausschließlich mit dem Fließen des Wassers beschäftigt. Seine Prinzipien sind in einem alten, anonymen Text niedergelegt, dem *Buch des Wasserdrachen* (ca. 13. Jahrhundert).

Die ununterbrochene Bewegung von Menschen und Fahrzeugen auf Straßen und Wegen ist wie der Fluß eines Stromes. Mit der Zeit nutzen beide die natürlichen Linien der Erde ab. Wo sich der Flußlauf krümmt, sind seine Ufer ständiger Erosion ausgesetzt, bis der Fluß irgendwann an dieser Stelle U-förmig wird. In ähnlicher Weise begradigen sich mit der Zeit vielbenutzte Wege, da die Menschen Abkürzungen nehmen. Wenn Feng-Shui-Praktiker daher die Biegungen von Wegen und Straßen betrachten, um zu beurteilen, ob sie günstig sind oder nicht, befolgen sie Richtlinien, die sich ursprünglich aus der Wirkung gewisser Wasserstraßenmuster ergeben haben.

Die wichtigsten Fragen lauten, ob Flüsse Glück oder Unglück mit sich führen und ob sie dies jeweils herbei- oder forttragen. Natürlich brauchen wir Wasser ebenso wie Feuer, aber wenn beide Kräfte außer Kontrolle geraten, ist Gefahr im Verzug. Beide müssen genutzt, aber gemäßigt werden. Wasser, das ohne Unterbrechung fließt, führt weder Gutes noch Schlechtes heran, aber es kann Veränderung bringen. Leicht ist es, mit dem Strom zu treiben, aber schwer, dagegen anzuschwimmen.

Wenn Wasser unten fließt, kann es, wenn nötig, hinaufgebracht werden. Wenn es oben ist, kann es Dämme brechen und eine Überflutung verursachen.

Stellen wir uns vor, daß ein Fluß sanft fließt, aber dann auf eine veränderte Landschaft stößt, wo er seinen Kurs ändern muß: Er wendet sich in seinem weiteren Verlauf nach rechts. Durch die Wasserkraft wird nach einiger Zeit das linke Ufer, das ihm im Weg steht, abgetragen. Der Schlamm wird fortgeschwemmt und am rechten Ufer abgelagert. Hieraus leitet sich die Regel ab, daß es vorteilhaft

Ein sicherer Standort ist die Innenseite einer Fluß- oder Straßenbiegung

ist, am Ufer ein Haus an der Innenseite eines Winkels zu
bauen. Umgekehrt wäre der Standort eines Hauses am anderen Ufer ungünstig, weil dort der Winkel auf das Haus
weisen würde. Im ersten Beispiel würde das Land vor dem
Haus immer weiter wachsen, während es im zweiten Fall
der Erosion ausgesetzt wäre.

Gleiches läßt sich auf ein Haus beziehen, das in einer
Straßenkurve steht, obwohl in diesem Fall die Erklärung
nicht die gleiche wäre. Wenn sich eine Straße zu einem
Haus biegt, ist diese ungeschützt einer Kollision mit zu
schnellen Fahrzeugen ausgesetzt. Ein Haus an der Innenseite einer Kurve hat diese Probleme nicht.

**Wasser soll man
heran- und nicht
wegfließen sehen**

Ein weiteres Prinzip besteht darin, daß man das Wasser
heran- und nicht wegfließen sehen sollte. Wenn das Wasser
zu einem Haus kommt, ist es rein. Im Haus wird es dann
zum Kochen, Waschen und Reinigen verbraucht, so daß es
beim Abfließen verschmutzt und ungesund ist. Wichtig ist
daher, daß das schmutzige Wasser in einem Abwasserrohr
in die Erde geleitet wird und den Schmutz mit sich führt.
Ein Beispiel, das amüsant wirken mag, sind die vielzitierte
Badezimmertür und der Toilettendeckel. Beide müssen geschlossen sein, so daß man nicht sieht, wie das Wasser fortgespült wird. In Kanton ist *soy* (Wasser) ein umgangs-
sprachlicher Ausdruck für Geld. Sieht man, wie «soy»
durch das Abflußrohr fortgespült wird, so bedeutet das,
daß man gleichermaßen das Geld verschwinden sieht.

Von Wasserläufen zu Autostraßen

Die schnelle Expansion des motorisierten Verkehrs im 20. Jahrhundert hat den alten Prinzipien des mobilen Qi eine enorme aktuelle Bedeutung verliehen. Wenn man die Probleme, die bei der Planung neuer Straßen, Autobahnen und städtischer Umgehungsstraßen auftauchen, erkennt und in den Griff bekommt, so hat man gleichzeitig die Theorie des mobilen Qi verstanden. Auf den Autobahnen muß der Verkehr schnell vorankommen, aber mit möglichst geringen schädlichen Auswirkungen auf die Umgebung und mit so wenig Störungen wie möglich zwischen Ausgangs- und Zielpunkt. Beim Bau von Autobahnzubringern ist darauf zu achten, daß die Verkehrsströme in den Knotenpunkten glatt und sicher ineinander fließen können. Durch Umgehungsstraßen, die um die Städte herumführen, versucht man Staus und Verkehrschaos zu vermeiden. Hingegen hat man beim Bau von Straßen, die durch Städte und Dörfer hindurchführen, das entgegengesetzte Ziel: Hindernisse unterschiedlicher Art werden auf den Straßen errichtet, damit die Verkehrsgeschwindigkeit verringert und somit deren Gefahrenpotential für die Umgebung auf ein Minimum reduziert wird.

Wenn wir mehrere Orte nacheinander aufsuchen, achten wir darauf, unsere Route so zu planen, daß wir zu jedem Ort gelangen, ohne Wegstrecken unnötig doppelt zurückzulegen. Ebenso gilt, daß wir beim Einkaufen die schweren und sperrigen Dinge zuletzt kaufen. Oft frage ich mich, welche Lektion das junge Paar lernte, das ich einmal beobachtete. Laut streitend mühten sie sich mit einem brandneuen Haushaltsmülleimer ab, den sie, einem spontanen

Einfall folgend, während eines Ausflugs in die Stadt erstanden hatten.

Ob bei transkontinentalen Schnellstrecken oder bei einem
Einkaufsbummel, die angewandte Logik bei der Planung
der Route ist die gleiche, die auch den Fluß des Qi durch
ein Gebäude bestimmt. Gelegentlich übersehen Planer das
Offensichtliche. Es gibt Bushaltestellen, die klug geplant
sind und gewährleisten, daß die Busse in ihren Haltebuch-
ten ankommen und von dort weiterfahren können, ohne
die Fahrspuren des übrigen Verkehrs zu kreuzen – die aber
für die Passagiere keine Möglichkeit vorsehen, die Straßen
zu überqueren, um zu den Haltestellen zu gelangen. Einer
der führenden Flughäfen der Welt wurde mit riesigem
Werbeaufwand eröffnet: Sein meistgepriesenes Merkmal
war eine wunderbare Folge von Rollbändern, die die Passagiere schnell und bequem zu den Flugsteigen brachten.
Leider hatte man nicht an die wenigen Passagiere gedacht,
die etwas vergessen hatten und noch einmal umkehren
mußten.

Flüsse fließen nicht gleichzeitig in zwei Richtungen, auch
Züge sollten nicht auf demselben Gleis aufeinander zufah-
ren. Genausowenig sollte, wo immer es eine Bewegung
gibt, Qi gegen sich selbst prallen, Kommen und Gehen also
auf demselben Pfad stattfinden. Kürzlich wurde ich um
Ratschläge zur Gestaltung einer Kunstgalerie gebeten und
stellte überrascht fest, daß die Besucher die Galerie auf
demselben Weg betraten und verließen. Somit war ihnen
die Gelegenheit verwehrt, eine sich ständig verändernde
Bilderanordnung wahrzunehmen. Durch Anbringen eines
riesigen gerahmten Bildes an einer Staffelei im Gang

wurde das Qi um diese herumgeleitet. Gleichzeitig wurden die Besucher daran gehindert, einen Blick auf später in der Ausstellung folgende Bilder zu werfen, bevor sie die ersten angesehen hatten. Durch diese Maßnahme wurden, wo vorher Langeweile herrschte, Neugier und Spannung geweckt.

Wenn wir das Prinzip der Wasserläufe auf Straßen anwenden, erkennen wir, daß sich ein Geschäftsstandort, auf dessen Vorderseite herankommender Verkehr zufließt, in einer viel vorteilhafteren Position befindet, als wenn der Verkehr in entgegengesetzter Richtung verliefe. Auf die heutige Zeit übertragen, läßt sich leicht folgendes erkennen: Wer mit dem Auto unterwegs ist, nimmt Geschäfte eher wahr, auf die er zufährt, egal, ob die Geschäfte auf der Fahrer- oder Beifahrerseite der Straße liegen.

Das Prinzip, demzufolge es für Wasser und ebenso für den Verkehrsfluß günstig ist, wenn man ihn auf sich zukommen und nicht wegfließen sieht, prägte sich mir vor einigen Jahren nachdrücklich ein, als ich im englischen Birmingham einen merkwürdigen Fall untersuchte.

In einer ruhigen Wohngegend schloß eine Sackgasse an ihrem Ende mit sieben Häusern ab. Mit einer Ausnahme hatte alle dort wohnenden Familien irgendein Unglück getroffen. In sechs Häusern waren die Ehen zerbrochen. Im siebten Haus hingegen wohnten zwei Schwestern. Nach Feng-Shui-Begriffen ist nun eine Sackgasse an sich schon ungünstig, wie wir sogleich sehen werden. Aber die Situation wurde noch durch das zusätzliche Problem verschärft, daß hinter den Häusern eine Einbahnstraße verlief, die zu einem Autobahnzubringer führte. Gemäß Feng-Shui wurde das gesamte positive Qi von den Häusern fortgezogen, so daß sie ihrer Vitalkraft und ihres Glücks beraubt waren.

Doch auch mit westlicher Psychologie könnte man dieses Phänomen leicht erklären. Wenn man aus den Fenstern sah, erkannte man immer nur Autos, Busse und andere Fahrzeuge, die zu anderen Bestimmungsorten unterwegs waren. Nichts kam dort an, alles fuhr fort. Sicher wird dieses ständige Schauspiel davonfahrender Menschen den Keim der Unzufriedenheit in den Köpfen derjenigen gesät haben, die gezwungenermaßen still saßen und zusahen.

Der Eingang ist das Gesicht des Hauses, von dem man das Schicksal des Gebäudes selbst sowie das seiner Bewohner ablesen kann. Manchmal ist es möglich, die Ausrichtung des Hauses zu verändern, indem man einfach die Tür verlegt. Gelegentlich ist nicht einmal das nötig – es kann auch schlicht eine Neuorganisation des Hauses genügen.

Einmal wurde ich zu einem umgebauten Bauernhof in einem abgelegenen Dorf gebeten. Das Haus zu finden war kein Problem, aber nachdem ich einmal angekommen war, konnte ich die Haupteingangstür nicht entdecken. Natürlich schien die Haustür vorhanden zu sein, wenn man davon absah, daß sie direkt auf eine Wiese führte, es keinen Weg zu ihr gab und sie offensichtlich nie benutzt wurde. An der einen Seite des Hauses gab es eine Veranda, die deutlich den Eindruck vermittelte, daß dort der Eingang war – und wie ich später herausfand, wurde sie auch von Leuten wie Milchmann, Postboten und Zeitungsjungen dafür gehalten. Aber auch das war nicht die Haustür, sondern lediglich der Zugang zu einem ans Haus angeschlossenen Büro. Nein, der wirkliche Zugang führte an der Rückseite des Hauses in die Küche.

Ich machte der Familie klar, daß der Eingang eines Hauses sein Gesicht sei und daß sich in seinen Zügen auch seine Persönlichkeit widerspiegele. Für Fremde war das Haus verwirrend, und wahrscheinlich war es selbst genauso durcheinander. Besorgt teilte die Familie mit, daß sie immer wieder Probleme mit Türen hätten, die entweder fest geschlossen waren, so daß man sie nicht aufbekam, oder erst gar nicht schlossen. Ich erklärte, daß sich das Haus wahrscheinlich selbst zu orientieren versuche, und gab der Familie den Rat, den richtigen Haupteingang zu öffnen und einen Weg dorthin einzurichten. Der Kücheneingang könne immer noch für das alltägliche Kommen und Gehen benutzt werden, aber das Haus werde dann seinen Eigencharakter entwickeln und die Familienharmonie stärken.

Nicht selten stößt man auf Häuser, die gemäß Feng-Shui-Sicht von hinten nach vorn gebaut wurden. Ein klassisches Beispiel hierfür war ein bezauberndes einfaches Landhaus mit einer äußerst interessanten Geschichte. Ein im oberen Stockwerk gelegenes Zimmer war während einer Zeit der Intoleranz und Repression von religiösen Nonkonformisten für geheime Treffen benutzt worden. In seinem gegenwärtigen Zustand bestand das Haus mittlerweile aus zwei oder drei zusammengefaßten kleinen, gemauerten Arbeiterhäuschen. Sie standen in einer Straßenkurve und waren durch ein schmales Gartenstück vor dem Verkehr geschützt. Zudem führte eine weitere kleine Straße auf sie zu, die bergab direkt auf das kleine schmiedeeiserne Tor zulief.

Natürlich haben Sie bereits die zwei Feng-Shui-Fehler entdeckt: Das Haus stand in einer Kurve und war auf einen Knotenpunkt ausgerichtet. Schlimmer noch: Es stand an einem Berg, dem es seine Vorderseite zuwandte.

Der Bewohnerin des Hauses erklärte ich, daß das Haus Gefahr lief, bei Hochwasser überflutet zu werden, denn offensichtlich war die heranführende Straße bei heftigen Regenfällen ein natürlicher Wasserweg, was die Frau in der Tat bestätigte.

Von der Straßenseite aus erweckte die steinerne Fassade den Eindruck, daß das Haus nur eingeschossig sei. Beim Hineingehen aber wurde deutlich, daß das Haus verkehrt herum gebaut war. Zwei weitere Stockwerke befanden sich hangabwärts darunter. Das unterste Geschoß führte in einen Garten mit einer Wiese, an deren hinterem Ende ein kurzer Heckenweg entlangführte. Hinter dem Weg war ein kleines Gebüsch, wo eine Fußgängerbrücke einen vorbeiplätschernden Bach überquerte. Hier erkannte ich, daß die Modernisierung der kleinen Landhäuser genau falsch herum gelaufen war.

Von der günstigsten Stelle im Garten aus konnte man erkennen, daß das Haus drei Stockwerke hatte. Die Hintertür war in der Mitte, und die netten, altmodischen Fenster waren beidseits symmetrisch angeordnet. Hier hatte man eine gemauerte Vorderseite, deren Eleganz keinem Herrenhaus der Jahrhundertwende nachstand. Außer einem zusätzlichen Weg und einer Auffahrt vom Heckenweg in den Garten waren nur ein paar geringfügige Veränderungen nötig, um den hinteren zum Haupteingang des Hauses zu machen. Die Berge an der Rückseite des Hauses dienten jetzt als Schutz und waren nicht mehr bedrohlich. Das kleine, auf die T-Kreuzung führende schmiedeeiserne Tor sollte entfernt und die Lücke in der Mauer geschlossen werden. Dadurch wäre eine deutliche Sperre gegen Überflutung geschaffen.

So war es möglich, das ganze Haus umzudrehen, ohne auch nur einen einzigen Stein des Gebäudes zu bewegen.

Schutz und Pfeile

Wie man sich gegen Pfeile schützt

Ganz offensichtlich besteht die Hauptaufgabe bei der Feng-Shui-Regulierung eines Privat- oder Geschäftshauses darin, den Qi-Fluß in Gang zu setzen. Aber während einerseits positive Faktoren angeregt werden sollen, dürfen andererseits nicht zugleich schädliche Einflüsse angezogen werden. Eine Bibliothek sollte zwar der Öffentlichkeit ungehindert ihre Türen öffnen, muß aber auch in der Lage sein, Vandalen oder Störenfriede herauszufiltern. Sonst würden diejenigen gestört, die einen legitimen Anspruch auf Ruhe in der Bibliothek haben. Ebenso muß ein Juwelier echte Kunden willkommen heißen und sich doch gegenüber potentiellen Verbrechern absichern. Bevor wir uns also daranmachen, unser Haus oder Büro umzustrukturieren und neu zu möblieren, sollten wir uns die negativen Kräfte vor Augen führen, die dem Qi entgegenwirken.

Das letzte Kapitel schloß mit dem interessanten Fall eines Hauses, das dem Anschein nach von hinten nach vorn umgebaut wurde. Eines seiner ungünstigsten Standortkennzeichen war, daß eine Straße geradewegs darauf zuführte. Eine solche Situation gilt es nach Feng-Shui-Regeln um jeden Preis zu vermeiden.

Dieses Beispiel erinnerte mich übrigens an das allererste Mal, als ich um meinen professionellen Rat ersucht wurde.

Ein mit einer Chinesin verheirateter Londoner Geschäftsmann war gerade erst in ein hübsches neues Haus gezogen, das die Familie in einem der begehrtesten Londoner
Stadtteile gebaut hatte. Da die Chinesin zu Recht stolz auf
ihr neues Heim war, lud sie ihre Mutter aus dem Fernen
Osten ein, damit diese nach den Kindern sähe, während
die Eltern mit der Einrichtung beschäftigt waren. Bereits
vor ihrer Reise hatte die Mutter ihrer Tochter vorgeschlagen, den Rat eines Feng-Shui-Beraters einzuholen, bevor
die letzten Entscheidungen über die Inneneinrichtung getroffen wurden. Zu jener Zeit war Feng-Shui als Thema in
England praktisch noch unbekannt, und es ließ sich kein
chinesischer Spezialist auftreiben. Ein Besuch in Londons
chinesischem Viertel führte die mittlerweile eingetroffene
Mutter in den chinesischen Ying-Hwa-Buchladen, den ich
zufällig selbst häufig aufsuchte. Herr Lo, der Besitzer,
wußte von meiner ernsthaften Beschäftigung mit diesem
Thema und empfahl mich daher. Natürlich zögerte die chinesische Dame, einen «guilo» (ausländischen Teufel) anzuheuern, aber da ich der einzige verfügbare sogenannte Experte war, bat sie mich, das Haus aufzusuchen. Während
ich durch die Räume ging und meine Erklärungen abgab,
bemerkte ich erleichtert, daß meine Kommentare mit ihren
eignen Ansichten übereinstimmten. Bald schon nickte sie
zustimmend, und ihre anfängliche Zurückhaltung machte
einer deutlichen Begeisterung Platz. Als ich irgendwann
vorschlug, einen Bagua-Spiegel an einer bestimmten Stelle
aufzuhängen, strahlte sie. Sie eilte fort und kam einen Moment später mit einem Bagua-Spiegel zurück, den sie aus
ihrer Heimat mitgebracht hatte. Jedoch hatte ihr der Mut
gefehlt, ihn ihrem englischen Schwiegersohn zu schenken.
    Ihre endgültige Zustimmung erhielt ich, als ich schon

dabei war, mich zu verabschieden. Sie zeigte auf ein Haus am Ende der Straße und fragte mich, ob ich es für einen anderen chinesischen Freund empfehlen könnte.

«Überhaupt nicht», entgegnete ich. «Auf das Haus führt geradewegs eine Straße zu, dort zu wohnen wäre äußerst ungünstig.»

Entzückt klatschte sie in die Hände.

«Genau das habe ich auch gesagt», rief sie aus. «Und wissen Sie was? Ich habe herausgefunden, daß nie jemand länger als zwei Jahre in dem Haus gewohnt hat. Ja, Sie sind ein richtiger Feng-Shui-*xiensheng*!»

Sie drückte mir einen kleinen roten *Li-See*-Glücksumschlag in die Hand. Aber die großzügige Entlohnung, die er enthielt, bedeutete mir weniger als die Tatsache, daß ich meine erste richtige Bewährungsprobe bestanden hatte!

«Sha» – eine erste Vorstellung

Die Tatsache, daß eine auf eine Straße hinausgehende Vordertür als ungünstig betrachtet wird, führt uns zu einem anderen Feng-Shui-Konzept – Sha –, das man das negative Gegenstück zu Qi nennen kann. Wenn Qi der heilsame, belebende, erneuernde Einfluß ist, so ist Sha dessen kontraproduktive Kraft. Folglich ist es das Ziel von Feng-Shui, Qi so positiv wie möglich fließen zu lassen und zugleich ungünstiges Sha abzuwenden. Wenn ein Feng-Shui-Berater ein Anwesen begutachtet und Empfehlungen zur Neugestaltung des Geländes macht, um das Feng-Shui zu verbessern, muß er große Sorgfalt darauf verwenden, den Qi-Fluß so anzuregen, daß nicht gleichzeitig die negativen Einflüsse von Sha gestärkt werden.

Qi bewegt sich in sanften Kurven, Sha auf geraden Strecken

Glücklicherweise wird diese Aufgabe dadurch erleichtert, daß Qi und Sha eindeutig unterschiedliche Eigenschaften haben. Während Qi eher auf Wegen mit sanften Kurven dahinzieht, bewegt sich Sha auf geraden Strecken und benutzt den kürzesten Weg.

Man sagt daher, daß Sha «geheime Pfeile» enthält, die auf jedem bestehenden direkten Weg entlangfliegen, sei dieser nun natürlich oder künstlich. Eine geradewegs auf ein Gebäude zuführende Straße befördert potentiell die geheimen Pfeile beziehungsweise Sha. Andere Wege, die Sha oder geheime Pfeile transportieren, sind Spalten zwischen Gebäuden und Fahrbahnen oder Wege, die direkt auf die Vordertür eines Hauses zuführen. Auch Abwassserrinnen und Wasserrohre, in denen Flüssigkeiten zu einem Gebäude hin – nicht von ihm fort – gelangen, gehören dazu. Sogar die Umrisse einer Landschaft können «Drachenadern» sein, die einen schädlichen Einfluß auf Gebäude und ihre Bewohner ausüben, solange sie ihnen im Weg stehen.

Sha schwächt Gebäude und deren Bewohner

Gemäß der anerkannten Feng-Shui-Theorie schwächt Sha dort, wo Qi stärkt. Es zieht positive Kräfte, physische wie auch nicht faßbare, ab und wirkt sich auf ein Gebäude, seine Bewohner und die darin stattfindenden Tätigkeiten schädlich aus. Das Gebäude selbst wird wahrscheinlich lange vor Ablauf seiner normalen Lebensdauer zu erodieren beginnen; die Fundamente können ihre Festigkeit verlieren und unsicher werden, und möglicherweise treten noch andere bauliche Mängel auf. Auf die Gesundheit und das körperliche Wohlbefinden der Bewohner oder Berufstätigen, die in dem Gebäude arbeiten, kann sich Sha nachteilig auswirken, unerklärliche Mattigkeit hervorrufen oder ein Unwohlsein, das sich durch keine offensichtlichen Kranheitssymptome erklären läßt. Das Privatleben wird ziellos; die Familienharmonie läßt nach, was zu Trennung, Mißtrauen und Untreue führt, während die Kinder undankbar und kränklich werden und auf die schiefe Bahn geraten. Geschäfte, die von solch unglücklichen Standorten aus in Erscheinung treten, können nicht gedeihen; finanzieller Erfolg bleibt aus, und selten hat man eine Glückssträhne... Der Katalog potentiell lauernden Unglücks ist anscheinend endlos.

Sha

Es gibt tatsächlich Hunderte chinesischer Wörter, die wie «Qi» ausgesprochen werden, aber nur sehr wenige klingen wie «Sha». Von diesen wiederum haben viele eine düstere Bedeutung, wie Cholera, die Streifen auf einem Sarg oder die kultische Praxis, sich den Mund mit Blut zu beschmieren, bevor man einen Fluch ausstößt. Im Feng-Shui-Kontext bedeutet Sha, jemanden durch einen Fluch, ein Unglück oder böse Einflüsse tödlich zu treffen, und leitet sich von einem ähnlichen Wort ab, das «zerstören» oder «ermorden» bedeutet.

Das Wort Sha kann für sich allein stehen und bezeichnet einen ungünstigen Einfluß. Strenggenommen ist es ein Widerspruch, wenn man von «Sha Qi» spricht und damit schlechtes Qi meint, wenngleich der Ausdruck häufig gebraucht wird, sogar von Chinesen. Auf chinesisch bedeutet «Sha Qi» auch «Malaria» (wörtlich: «schlechte Luft»). Einer der Gründe, warum die ehemals kaiserliche chinesische Regierung froh darüber war, Hongkong den Briten zu überlassen, war der, daß das Gebiet für sein «Sha Qi» berüchtigt war. Gemeint war in diesem Fall eher die Gefahr von Malaria als irgendeine Feng-Shui-Bedeutung. Als Hongkong dann zu einer blühenden Kolonie wurde, nahm man allgemein an, daß die Briten Feng-Shui-Experten beschäftigten, da sie offenbar böses Sha in belebendes Qi umzuwandeln verstanden.

Sha – die logischen Nachteile

Der wahre Grund für die tiefsitzende Aversion gegenüber Sha-Einflüssen hat wahrscheinlich in irgendeinem urzeitlichen Glauben an Geisterwege seinen Ursprung, einem Glauben, dem primitive Kulturen auf beiden Seiten der Erde anhingen. Doch wollen wir dieses spannende Thema jetzt nicht vertiefen.

Mit unserem westlichen Bedürfnis nach Logik und rationalem Verstehen fällt es uns nicht schwer zu erkennen, daß es sowohl praktische wie auch psychologische Gründe geben könnte, warum die Feng-Shui-Theorie die «geheimen Pfeile» so heftig ablehnt. Warum sollte ein Haus, auf das eine Straße geradewegs zuläuft, so vielem Unglück ausgeliefert sein?

Wie läßt sich die Bedeutung der «geheimen Pfeile» erklären?

Rein praktisch gesehen, ist ein Haus oder Geschäft, das im rechten Winkel auf eine Straße ausgerichtet ist, durch herankommenden Verkehr gefährdet. Früher war es das Pferd, das die Kutschen des Adels zog, heutzutage könnten es die mit Diesel betriebenen Kartoffellaster sein. Pferde können ausschlagen und Bremsen versagen. In beiden Fällen besteht die Gefahr, daß das Fahrzeug außer Kontrolle gerät und auf das Haus zurast.

Oder gehen wir einmal statt von einer Straße von einem gut ausgetretenen Pfad aus. Oft benutzte Pfade folgen in der Regel natürlichen Linien. Wer an einem nassen Tag einen Landspaziergang macht, kann beobachten, wie ein Regenschauer dazu führt, daß das Wasser auf bestehenden Fußwegen abfließt. Und wenn es sich um einen anhaltenden Regenfall handelt, kann aus dem hübschen Hauszugang plötzlich ein reißender Sturzbach werden.

In China erkennen Feng-Shui-Praktiker in den natürlichen Berglinien Drachenadern. Sie warnen davor, auf solchen Drachenadern zu bauen, weil dadurch das Qi des Drachen blockiert würde. Tatsächlich würde bei einer Überflutung die Kraft des Wasser-Qi, das durch die Drachenadern fließt, jedes ihm im Weg stehende Bauwerk fortreißen.

Alle diese Wirkungen zusammen könnten dazu führen, daß sich die Bewohner des Gebäudes unsicher fühlen. Psychologisch stellen sie sich vielleicht unbewußt darauf ein, nur vorübergehend in dem Gebäude zu wohnen. Aufgrund eines mangelnden Gefühls der Dauerhaftigkeit hört man in einer solchen Situation dann auf, das Gebäude noch weiter zu pflegen. Reparaturen werden nicht ausgeführt, da man deren Dringlichkeit nicht einsieht – kleinere Mängel, die behoben werden sollten, werden dem nächsten Hausbesitzer überlassen. Diese nachlässige Einstellung überträgt sich schließlich auch auf den Umgang der Menschen miteinander. Sie pflegen nicht länger den Ort, an dem sie wohnen oder arbeiten, und verhalten sich auf einer anderen Ebene genauso, indem sie das Interesse an den Leuten um sich herum verlieren. An der Arbeitsstelle führt das mangelnde

Interesse an den Kollegen zu einer Verschlechterung des Geschäftsergebnisses; im privaten Bereich lockern sich die Familienbande. Die rücksichtslose Umgangsform ist vielleicht nicht offen feindselig – aber ein Abgleiten in fehlende Verbindlichkeit beziehungsweise Verantwortlichkeit füreinander ist schon beängstigend genug.

Brücken

Brücken in der Landschaft, besonders alte und geheiligte Bauweisen, passen sich mit einem gewissen Charme in die Umgebung ein. Ob sie das Feng-Shui eines Gebietes verbessern oder zerstören, hängt von verschiedenen Faktoren ab, unter anderem von ihrer Form und davon, in welcher Beziehung diese zu ihrer Umgebung steht. Beispielsweise paßt sich eine gemauerte Bogenbrücke unaufdringlich einer Landschaft an, wenn sie aus dem Gestein dieser Gegend gebaut ist. Auch ihre Lage kann ein positiver Faktor sein, der das allgemeine Feng-Shui der Gegend verbessert. In einer von Wäldern umgebenen Region ist eine Holzbrücke, wie etwa die über dem Vierwaldstättersee, ebenso angemessen.

Auf Brücken konzentriert sich Sha

Allerdings ist die Lage an beiden Enden der Brücke ungünstig. Die Brücke ist ein Durchgang, der Fahrzeuge und Fußgänger aus vielen verschiedenen Orten anzieht. Der Verkehr wird in ihre engen Grenzen kanalisiert, bevor er am anderen Ende wieder losgelassen wird, wo er wie Kugeln aus einem Gewehr herausschießt. Die Brücke konzentriert und lenkt daher Sha sehr viel stärker als eine Straße oder ein Fluß.

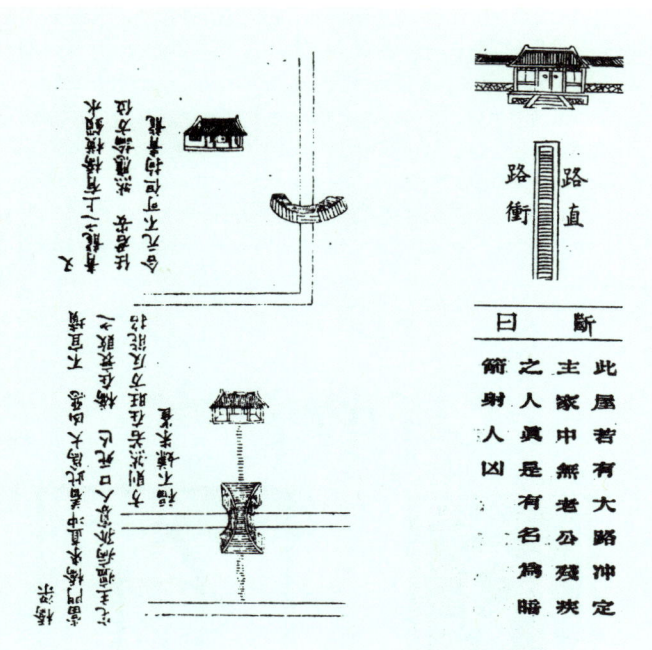

Illustrationen aus chinesischen Texten des 14. Jahrhunderts, die vor den Gefahren von auf ein Gebäude zuführenden Brücken warnen.

Auch wenn das Sha in diesem Fall sogar als noch größere Gefahr betrachtet werden muß, gibt es glücklicherweise eine Methode, mit der man traditionell die Gefahr abwenden kann, die speziell Brücken aufweisen. Man errichtet in einem gewissen Abstand vor der Brücke einen Stein in der Art eines Meilensteins und graviert die chinesischen Schriftzeichen hinein, die bedeuten: «Der Stein bietet Widerstand.»

«Der Stein bietet Widerstand»

Der Ursprung dieser Gepflogenheit ist sehr merkwürdig. Er reicht über zwei Jahrtausende in die Zeit der Feudalstaaten zurück, bevor China zu einem Kaiserreich zusammengefaßt wurde. Während eines Krieges legte sich eine Familie mit dem Clan-Namen Shi (Stein) das Motto zu: «Wir bieten Widerstand.» Bei jeder drohenden Invasion stellte man an auffälliger Stelle die herausfordernde Botschaft auf: «Der Stein (Clan) bietet Widerstand», so daß die Eindringlinge wußten, wem die Sympathien vor Ort gehörten.

石敢當

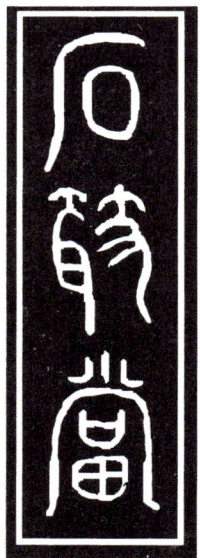 

Links: Alte Siegelschriftzeichen.
Rechts: Konventionelle chinesische Schriftzeichen.

Hin und wieder werden Feng-Shui-Steine mit einem Ti-
gerkopf behauen, während andere als zusätzliche Schutz-
maßnahme die Namen von Chinas heiligen Bergen tragen.
Auch wenn solche Steine hauptsächlich benutzt werden,
um das durch Brücken entstehende Sha abzuwehren, kann
man sie ebenfalls vor Straßenmündungen und ähnlichen
Stellen errichten.

Spitzen und Speere

Den alten Chinesen waren Telefon- und Stromleitungen
natürlich unbekannt. Um so bemerkenswerter ist es, daß
die Weisen vergangener Zeiten, die als erste die grundlegenden Feng-Shui-Regeln zusammenstellten, genau diese
Merkmale im Kopf zu haben schienen. Telefonleitungen,
die im rechten Winkel auf ein Gebäude zuführen, werden als mögliche Übermittler geheimer Pfeile betrachtet,
ebenso wie die Hochspannungsleitungen, die über ein Gebäude hinweg oder nahe an ihm vorbeiführen.

Bisher ist zwar noch nicht eindeutig bewiesen, daß die
Nähe von Hochspannungsleitungen ein Gesundheitsri-
siko darstellt, doch viele Menschen sind davon überzeugt.
Fans des amerikanischen Schauspielers Eddie Murphy
werden sich an den Film *The Distinguished Gentlemen* erinnern, in dem die Stromleitungs-Leukämie-Debatte im Zentrum der Handlung steht. Immerhin sind Fälle dokumen-
tiert, in denen Menschen, die nahe an Stromleitungen und
Umspannwerken wohnen, an Leukämie und Krebs er-
krankten. Allerdings ist umstritten, ob ein Zusammenhang
besteht.

Aus der Zeitung *Manchester Evening News* vom 14. Mai 1996

Widerstand gegen neue Stromleitungen

Elektrizitätsgesellschaften werden aufgefordert, Pläne für neue Überlandleitungen wegen der Furcht vor Krebserkrankungen bei Kindern aufzugeben.

Die Forderung wurde von Marty Day, dem für den Kreis Manchester zuständigen Rechtsanwalt, während einer Unterhaus-Sitzung über einen Zusammenhang zwischen Elektrizität und Kinderleukämie erhoben. Ihm zufolge sei es «Wahnsinn», neue Stromleitungen in der Nähe von Wohnhäusern zu errichten, solange nicht neue Studien veröffentlicht seien. Er stellte den Fall von Simon Studholme dar, dessen Familie direkt neben einem Umspannwerk und einer Gruppe von Strommasten in Bure (Lancashire) wohne. Simon ist 1992 an Leukämie gestorben.

«Besonders wichtig ist dabei wohl, daß Simon mit dem Kopf nur Zentimeter von der Stromleitung entfernt schlief», so Marty Day.

Ein weiterer Mitstreiter ist Bill Singleton, der sein Wirtshaus in Radcliffe bei Bury aufgegeben hat, da er der Meinung war, die Stromleitungen machten ihn krank. Er stellte dar, daß viele europäische Länder eine Schutzzone um Stromleitungen herum vorsähen.

Die Wissenschaft forscht weiter zu diesem Thema. Die Entdeckung, daß die von den Stromleitungen produzierten Magnetfelder geladene radioaktive Partikel anziehen, unterstützt das Argument der Stromleitungsgegner. Es läßt sich somit leicht nachweisen, daß Leitungen, die im stumpfen Winkel auf ein Haus treffen, tatsächlich gefährliche radioaktive Teilchen übertragen. Diese können direkt durch die Mauern des Hauses dringen und das Gewebe eines jeden Menschen angreifen, der der Strahlung ausgesetzt ist, so gering sie auch sein mag.

Wenn jedoch die Telefon- und Stromleitungen in einer Tangente auf ein Haus träfen oder an seiner Ecke angebracht wären, würden die Strahlen nicht in das Gebäude dringen und die Bewohner blieben davon unberührt.

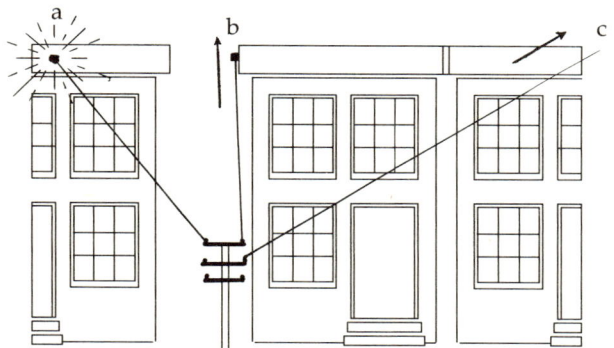

Hier wird Sha bei Punkt a auf das erste Haus gelenkt und durchdringt die Gebäudemauern. Bei den zwei anderen Häusern zieht das Sha an den Punkten b und c am Gebäude vorbei, ohne ihm Schaden zuzufügen.

Schwerter und Äxte

Die Probleme beschränken sich leider nicht auf die Kabel. Die Masten selbst sind eine weitere Quelle «negativen» Feng-Shuis. Direkt vor einem Eingang oder Fenster sollten keine Masten oder Pfosten stehen. Das gilt auch für Telegrafenmasten, Laternenpfähle, Verkehrszeichen oder irgendwelche Pfosten, an denen Mitteilungen angeschlagen sind. Gleichzeitig werden auch Bäume, und seien sie noch so schön oder grün, als unsicher angesehen, wenn sie vor einem Haus stehen.

Keine Masten, Pfähle oder Bäume vor Eingängen und Fenstern

Wie bei vielen Grundregeln des Feng-Shui gibt es auch hier drei verschiedene Denkweisen, die zu dieser Schlußfolgerung führen: die ästhetische, die praktische und die esoterische.

Im Falle der für die Öffentlichkeit nutzbaren Annehmlichkeiten wie Laternenpfähle oder Telefonmasten ist der ästhetische Aspekt ziemlich eindeutig: So nützlich sie auch sein mögen, unansehnlich sind die dennoch. Bäume aber sind optisch ansprechend, und das ästhetische Argument entfällt. Vor einem Haus nehmen sie Licht weg, verdunkeln es innen und lassen es auch von außen düster erscheinen.

Es gibt noch andere praktische Erwägungen. Bäume, die zu nah am Haus stehen, können ihre Wurzeln unter das Haus treiben und die Fundamente angreifen.

Die dritte Betrachtungsweise, die esoterische, geht davon aus, daß der Mangel an Sonnenlicht, der Yang-Kraft, die Aufnahme von wohltuendem Qi in einem Haus reduziert.

Ist das schädliche Hindernis ein Pfosten oder ein anderes säulenartiges Gebilde, wird die negative Wirkung durch den Schatten der Säule herbeigeführt, der wie ein Schwert die Vorderseite des Gebäudes durchschneidet.

Einmal wurde ich gebeten, ein Gästehaus zu besichtigen, das trotz seiner Lage in einem Touristengebiet nie die erwartete Gästezahl erreichte. Vor dem Gästehaus hatten die Besitzer im Garten ein Schild aufgestellt, aber leider stand es direkt vor dem Hauptfenster. Ich schlug vor, das Schild seitlich zu versetzen, damit es sich nicht mehr vor dem Fenster befände. Später schrieben mir die Leute und bestätigten, daß seit der Versetzung des Schildes ihre Zimmer dauerhaft belegt seien.

Natürlich ist es in den seltensten Fällen erlaubt, praktisch durchführbar oder auch nur möglich, einen Telefonmast oder ein anderes Hemmnis zu verschieben. Dann empfehlen chinesische Feng-Shui-Berater zwei Lösungen:

Die erste besteht darin, das allzeit einsetzbare Aquarium mit einer ungeraden Zahl an roten Fischen gegenüber dem attackierenden Hindernis aufzustellen. Das Aquarium erfüllt unmittelbar die ästhetische Funktion. Die praktische Anwendung ist vielleicht psychologischer Art, da die Aufmerksamkeit auf die Bewegung der Fische gerichtet und von der unschönen Stelle draußen abgelenkt wird. Hinsichtlich des dritten, des esoterischen Aspektes habe ich von chinesischen Feng-Shui-Praktikern verschiedene Erklärungen erhalten. Einer sagte mir, daß die Fische das Leben repräsentieren; ein anderer, daß die rote Farbe Symbol des Feuers sei, und da es sich im Wasser befinde, sei die Gefahr eines Feuerausbruchs gebannt, was insgesamt Schutz vor Schaden bedeute. Noch eine andere Erklärung lautet, daß das chinesische Wort für Fisch *Yu* lautet, das genauso klingt wie das Wort für Glück.

Lösungen gegen Schwerter: Aquarium und Kettenschloß

Allerdings mag nicht jeder Fische. Auch kann sich nicht unbedingt jeder den Luxus der vergleichsweise aufwendigen Ausstattung für diese Wasserwesen leisten. Es gibt auch noch eine andere, einfachere Lösung. Man braucht sich nur ein Schloß und eine Kette zu beschaffen, wie Radfahrer sie benutzen, um ihre Räder an Zäune, Geländer u.ä. zu schließen. Die Kette wird um die attackierende Säule gelegt und abgeschlossen. Für vorbeikommende Fußgänger sieht es einfach so aus, als habe ein vergeßlicher Radfahrer sein Rad geholt, die Kette aber zurückgelassen.

Dies ist ein Beispiel für die Art alltäglicher Lösung, wie

sie von Feng-Shui-Beratern vorgeschlagen wird, die völlig von einer esoterischen, nichtrationalen Denkweise ausgehen. Denn es läßt sich wohl kaum behaupten, daß es praktisch oder auch ästhetisch sei, eine Kette um einen Laternenpfahl zu schließen. Auf symbolischer Ebene aber hält die geschlossene Kette wie bei einer Verhaftung die Säule fest, kontrolliert sie und verhindert ihre schädlichen Auswirkungen.

Auf einer anderen Ebene mag man aus Feng-Shui-Sicht behaupten, daß die Säule das Element Holz darstellt und die Kette das Element Metall, und da Metall Holz schlägt, sind auf diese Weise die schädlichen Einflüsse zerstört. Hierauf gehen wir an späterer Stelle noch ein. Dieses Phänomen in westlich-rationalen Begriffen zu erklären ist schwierig, aber seine Wirkkraft wurde verschiedentlich bestätigt.

Ich wurde einmal von einer Dame in der Schweiz gebeten, mir ihre faszinierende Villa im Bauhaus-Stil anzusehen, die viele architektonisch interessante Merkmale aufwies. Weniger eindrucksvoll waren die bedrückenden eisernen Sicherheitsbalken vor einem Terrassenfenster. Zur Abwehr des durch die Eisenstäbe produzierten Sha riet ich der Dame, in Übereinstimmung mit der Feng-Shui-Tradition unten um die Säulen Ketten zu legen. Wenige Tage darauf rief sie mich an, um zu berichten, daß sie meinen Rat befolgt hatte. Seitdem hatten sich ihr körperliches Wohlbefinden und ihr Energiezustand erheblich verbessert. Bei diesem Beispiel kann man die rationale Erklärung vielleicht in einer psychologischen Wirkung finden. In anderen Fällen wiederum sind die wahrnehmbaren Wohltaten viel deutlicher nachweisbar und können nicht psychologischen Faktoren zugeschrieben werden, wie etwa in dem zuvor beschriebenen Fall, wo das Versetzen eines Schildes dem Gästehaus ein besseres Geschäft bescherte.

Es gibt noch eine andere Feng-Shui-Situation, der man mit westlich-rationalem Denken nur schwer beikommen kann, nämlich wenn die Kante eines Gebäudes auf ein anderes Haus weist. Dies wird als Bedrohung gewertet, so als wäre eine Axt erhoben, um das Gebäude niederzuschlagen. Das klassische Beispiel ist die dreieckige Bank von China in Hongkong. Ihre scharfen Kanten weisen auffällig und bedrohlich auf die alten «kapitalistischen» Bastionen, von der sie umgeben ist. Als ich kurz nach Fertigstellung des Gebäudes in Hongkong war, erfuhr ich sowohl von britischen wie auch von chinesischen Anwohnern, daß die Architekten offensichtlich keine Ahnung von Feng-Shui hätten. Abgesehen davon, daß sie auf dem Dach einen Radiomast angebracht hatten, um das Gebäude zum größten in Südostasien zu machen, hatten sie es auch in solch unheilvoller Gestalt entworfen: Dreiecke werden im volkstümlichen Feng-Shui-Glauben allgemein als sehr ungünstig angesehen. Aber ungünstig für wen eigentlich? Ich bin davon überzeugt, daß sich die Architekten der Bank von China sehr wohl der Feng-Shui-Implikationen bewußt waren. Sicher ist die Dreiecksform dieses Baus unheilvoll – aber nicht für die Bank selbst, sondern für deren Nachbarn.

Die Formschule des Feng-Shui, die durch eine faszinierende Landschaft inspiriert wurde, achtet sehr auf die symbolische Gestalt entweder der natürlichen Umrisse von Hügeln, Klippen und Bergen oder der verschiedenen architektonischen Gebäudeformen in einer Stadt. Man braucht nicht viel Phantasie, um sich die Bank von China als ein riesiges Messer vorzustellen oder in der Ecke eines

Kanten, die andere Häuser attackieren

Gebäudekomplexes, die auf ein Bürofenster weist, die drohende Schneide eines Fallbeils zu erkennen. Die schädlichen Kräfte, die durch die schlechte Lage einer Hauskante hervorgerufen werden, sind daher wahrscheinlich eher psychologischer als materieller Art. Und doch sollte man die Möglichkeit erwähnen, daß sich frühe Feng-Shui-Theorien auf wissenschaftliche Beobachtung stützten.

In den Anfängen der Erfindung des Stroms, als er noch eine wissenschaftliche Sensation war und allein die Vorstellung, daß er eines Tages Kerzen und Öllampen ersetzen würde, zu abwegig erschien, um ernsthaft in Betracht gezogen zu werden, entdeckten die ersten Techniker, daß elektrische Entladungen schneller durch nadelkopfkleine Punkte zu bewerkstelligen waren als durch Flächen. Wir wissen, daß die alten chinesischen Philosophen ebenfalls Kenntnis von den elementaren magnetischen und elektrischen Phänomenen hatten. Daher ist es sehr wahrscheinlich, daß auch sie erkannten, daß elektrische und magnetische Ladungen von Kanten und Ecken angezogen werden. Angesichts der tiefen Verwurzelung der Vorstellung von «Qi» im chinesischen Denken ist auch die Annahme nicht zu abwegig, daß man analog folgendes glaubte: Wenn magnetisches Qi wirkungsvoller an scharfen Punkten ist, so konzentriert sich entsprechend das Sha großer Gebäude ebenfalls an ihren Kanten und entlädt sich gegen alles, was den «Pfeilen» im Weg steht.

So lautet zumindest die technische Erklärung. Aber wie ich bereits andeutete, kann der wahre Grund, warum die Furcht vor potentiellen Sha-Situationen so verbreitet ist, auch in noch älteren Glaubensvorstellungen wurzeln, die zeitlich sogar weiter zurückliegen als die ältesten bekannten philosophischen Spekulationen.

Geistpfade

Wörtlich bedeutet *Sha* «töten» oder «zerstören», entweder durch physische Gewalt oder mit übernatürlichen Mitteln. In der Regel aber ist die zweite Version gemeint, wenn nämlich die Zerstörung durch einen Fluch, einen bösen Geist oder eine andere üble Quelle verursacht wurde. Überall auf der Erde gibt es Zeugnisse davon, daß unsere Vorfahren in der Steinzeit Linien erbauten, die anscheinend keinem sachlichen Zweck dienten. Man findet sie überall auf der Erde, auf jedem Kontinent: in Afrika, Europa, Asien, Nord- und Südamerika. Natürlich gibt es dabei Linien, die eindeutig als Pfad, Weghinweis oder Grenze erbaut waren oder wie die Chinesische Mauer mehrere Aufgaben gleichzeitig hatten. Andere aber sind eindeutig keine Wege, da sie durch Gebiete führen, die einfach nicht durchquert werden können, während noch andere zu kurz oder zu abgelegen sind, um für den Alltagsgebrauch irgendeinen praktischen Nutzen zu haben. Die Struktur dieser Linien ist äußerst vielseitig. Sie können aus aufgeworfenen Erdwällen oder im Gegenteil aus ausgehobenen Gräben auf der Erdoberfläche bestehen, während andere, besonders in dicht bewachsenen Gegenden, imaginäre Linien sind, die durch Felsen oder Steinblöcke von auffälliger Größe, Gestalt oder Farbe dargestellt sind.

Lange wurde über den Sinn dieser Linien debattiert. Eine beliebte Erklärung lautet, daß sie (besonders die kürzeren Linien) die Basislinien für astronomische Berechnungen darstellten. Sicher ist die Annahme, daß die Linien eine mathematische Funktion hatten, dort vernünftig, wo sie auf ein Monument mit nachweislich astronomischer Funktion zulaufen, wie das etwa bei Stonehenge der Fall ist.

Phantastischere Erklärungen lauten, daß einige Linien, besonders solche, die wie im französischen Carnac breite Straßen bilden, als Landestreifen für fremde Flugmaschinen gedacht waren. Merkwürdigerweise sind diese Theorien zutreffender, als Skeptiker glauben mögen. Die Wege sind tatsächlich Straßen zu einer anderen Welt, wenn auch nicht zu irgendeinem außerirdischen Satelliten.

In Peru wurden die als *ceques* bekannten Linien durch *huacas* gekennzeichnet – geweihte Plätze, die Felsen, Quellen oder andere natürliche Landschaftsmerkmale waren. An diesen Orten wurden Opferrituale durchgeführt, und in einigen Teilen Perus gibt es die Praxis immer noch, auch wenn die heutigen Opferungen nicht mehr den Tod von Kindern erfordern.

Neueste Studien haben endlich den Grund aufgedeckt, warum diese geheimnisvollen Linien erbaut wurden. Sie gehörten zu Bestattungs- und Opferritualen und wurden als «Geistpfade» betrachtet, auf denen die Seelen der Toten auf ihrer Reise in eine andere Welt wanderten. Die *ceques* haben in vielen anderen Kulturen der Erde ihr Gegenstück. In Europa zum Beispiel manifestieren sie sich nicht nur in prähistorischen Funden, sondern auch in volkstümlichen Traditionen.

Die Stadt der Fünf Widder

Hierzu lassen sich in China Parallelen finden. Die Hauptstadt von Kanton (Guangzhou) in Südchina ist volkstümlich als die Stadt der Fünf Widder bekannt. Der Sage nach stiegen fünf Göttertiere vom Himmel herab, landeten in Kanton und wurden in Stein verwandelt. Gemäß der Tradition dieser Gegend gab es einst einen taoistischen Tempel der Fünf Widder, der an der Stelle eines prähistorischen Steinkreises erbaut war, welcher die fünf versteinerten Gottheiten darstellte. Der primitive Steinkreis wurde offensichtlich irgendwann durch sorgfältiger ausgeführte Widderskulpturen ersetzt, die man immer noch an der Stelle des alten Tempels hinter einer Garage sehen kann. (Heutige Touristen werden zu einer moderneren Version der Fünf Widder geführt, die in einem Park einige Kilometer nördlich des ursprünglichen Fundorts stehen.)

Heute ist nur noch wenig von dem einst wichtigsten taoistischen Tempel der Region zu sehen, doch eine alte Straßenkarte gibt verschiedene Hinweise auf die Vergangenheit. Ein Blick auf die Namen der alten Straßen verdeutlicht, daß diese über die vielbenutzten breiten Wege zu geheiligten Stätten wie dem alten Tempel führten – und davor zu dem noch älteren Steinkreis, der nicht mehr existiert.

Drachenlinien

In den ersten beiden Jahrhunderten unserer Zeitrechnung wurden in China die Adligen mit Kompaß und bronzenen Schmuckplatten beerdigt. Auf ihnen war die Richtung angezeigt, in der die Seele ihren Weg zum Paradies finden könne. Das Zentrum der quadratischen Platte markierten die Sterne des Großen Bären; es gab einen Hinweis auf die Hauptsternbilder hinter dem Rand, und an der nordöstlichen Ecke war der Begriff «Geisttor» vermerkt. Es ist also nicht schwer zu erkennen, warum die früheren chinesischen Geomantiker unbedingt gerade Linien vermeiden

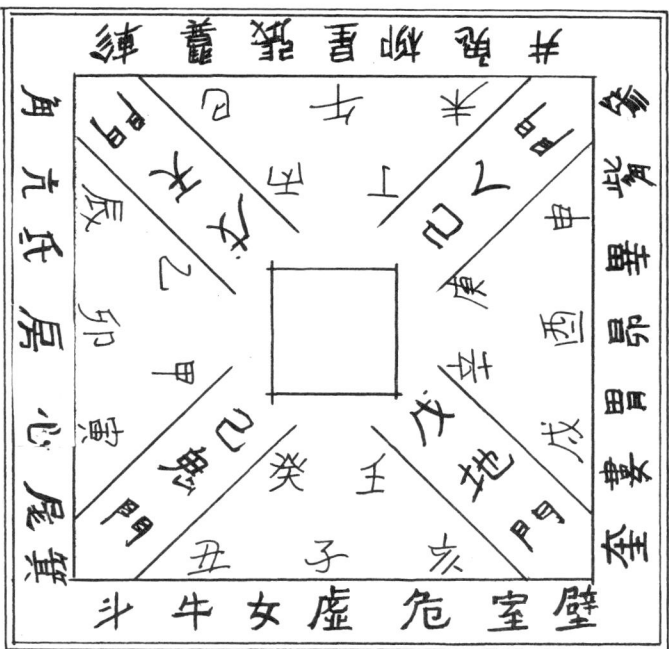

Nachzeichnung einer Bronzetafel aus dem ersten Jahrhundert, die für die Seele eines verstorbenen Adeligen als Wegweiser ins Paradies diente. Der «Geistpfad» ist in der linken unteren Ecke verzeichnet.

wollten. Wenn diese nämlich die Wege waren, auf denen die verstorbenen Seelen die Geisterwelt erreichten, so konnten sie sich ebenso als einfacher Zugang für weniger willkommene Geister erweisen, die auf die Erde zurückwollten.

In der chinesischen Vorstellungswelt waren diese Sha transportierenden Geistwege nicht auf künstlich geschaffene Linien beschränkt. Eher noch nahmen sie die Form von in der Natur vorgegebenen Landschaftslinien an, die den chinesischen Geomantikern als Drachenlinien vertraut waren. Diese konnten durch natürliche Wettereinflüsse oder geologische Formationen entstanden sein. Eine Bergfalte – eine durch Erdbeben entstandene Spalte – ließ eine deutlich sichtbare Linie entstehen, die sich über mehrere Kilometer ausbreiten kann. Auf einer Drachenlinie ein Gebäude zu errichten bedeutete, Unglück anzuziehen. In Hongkong ereigneten sich während des Baues der Bank von Hongkong und Shanghai viele schlimme Unfälle. Sie wurden damit erklärt, daß das Gebäude auf einer Drachenader errichtet wurde. Taoistische Priester sollten die Wunden heilen, die bei den Ausgrabungen entstanden waren, als nämlich an einer Stelle, wo der Drache am empfindlichsten war, tief in die Erde gegraben wurde.

Drachenlinien kann man in der Landschaft und auf Karten erkennen. Beispielsweise zeigt ein kurzer Blick auf eine Karte von Schottland die auffällige Verwerfung, die das Land von Inverness bis an die nordöstliche Küste halbiert und direkt durch Loch Ness und südwestwärts zu der kleinen Stadt Fort William und zum Meer reicht. Eigentlich sollte es nicht verwundern, daß Loch Ness, das auf einer Drachenlinie liegt, die Heimstatt eines legendären Ungeheuers ist. Im traditionellen chinesischen Glauben ist das kein Zufall, sondern eine natürliche Konsequenz.

Einer der Gründe, warum sich China so spät zu einer Industrienation entwickelte, liegt in seiner Weigerung, ein starkes Eisenbahnsystem zu errichten. Während die Eisenbahn den nordamerikanischen Kontinent erschloß, blieb China seinem alten Kanal- und Wasserstraßen-System treu. Gerade Linien in der Landschaft waren so sehr gefürchtet, daß man Angst hatte, daß die eisernen Zuggleise die minimalen Barrieren zwischen den irdischen und überirdischen Welten zerstören würden.

Drachenlinien – Erdspalten, Verwerfungen, Geraden in der Natur, auf denen nicht gebaut werden sollte

Unerwünschte Bürden

Schließlich gibt es eine Anzahl ähnlicher potentieller Feng-Shui-Gefahren, die gelegentlich als Sha bezeichnet werden, jedoch strenggenommen zu einer anderen Kategorie gehören. Hierzu zählen Gebäude gegenüber einer öffentlichen Einrichtung, wo Menschen ihre seelische Bürde, ihre Probleme und ihr Übel abladen. Man glaubt, daß die Sorgen, von denen sich die Menschen befreit haben, wie die aus der Büchse der Pandora freigelassenen Plagen sich eine neue Heimstatt suchen und an den nächstliegenden Orten niederlassen.

Man hat beobachtet, daß, wenn sich der eine von einer Krankheit erholt, ein anderer sie bekommt. Daraus hat man gefolgert, daß es ausgesprochen unklug sei, in der Nähe eines Krankenhauses ein Wohnhaus zu bauen – und je erfolgreicher ein Krankenhaus bei der Behandlung von Krankheiten ist, desto weniger gesund ist eine Wohnanlage in seiner Nähe.

Ähnliches gilt auch für eine Kirche oder einen Tempel, worin sich die Menschen ihrer Angst oder Schuld entledigen. Wenn sie die Last, die sie bedrückt, dort lassen können, muß diese irgendwo anders hin wandern, und welcher Ort wäre geeigneter als das Haus nebenan? Auch ist es nicht ratsam, in der Nähe eines Gerichtshofes zu wohnen, denn wenn Rechtsstreitigkeiten geklärt werden, sucht sich die einmal bestehende Animosität einen anderen Wirt, den sie dann quält. Ähnlich unklug ist es, nahe bei einer Müllhalde, einem Friedhof oder einer öffentlichen Bedürfnisanstalt zu leben.

Gezogene Dolche

Bisher haben wir nur das Äußere eines Gebäudes in Betracht gezogen wie auch die Wahrscheinlichkeit, daß gewisse Aspekte der umliegenden Gebäude oder die Geographie eine schädliche Wirkung ausüben könnten. Die Existenz von Sha ist jedoch nicht auf äußere Merkmale begrenzt. Innere Strukturen des Gebäudes selbst können ebenfalls Sha erzeugen. Im letzten Kapitel haben wir gesehen, daß Räume mit einander gegenüberliegenden Fenstern unter anderem deshalb als ungünstig angesehen werden, weil das Qi nirgendwo verweilen kann. Nun können wir erkennen, daß solche Orte zusätzlich schädlich sind, weil sie negatives Sha durch das Haus kanalisieren.

Erinnern wir uns, daß Sha auf geraden Linien transportiert wird. Daher ist es nur zu offensichtlich, daß ein Flur, der in gerader Linie von vorn nach hinten durch ein Gebäude führt, eine Hauptquelle negativer Einwirkungen ist. Ob sich auf dem Grundstück ein Wohn- oder Geschäftshaus befindet, spielt keine Rolle. Diese Sha führenden Kanäle werden als Messer mitten durch das Herz des Gebäudes angesehen. In einem Wohnhaus bedeuten die Sha-»Messer«, daß Ehen in Gefahr sind und Familien leicht zerbrechen, während in Geschäftshäusern Sha-Messer eine Verschlechterung der Beziehungen zwischen Management und Angestellten anzeigen. Vielleicht gehören die symbolischen Messer auch zu einem Dieb, der die lederne Geldbörse aufschlitzt und das Gold daraus stiehlt: In jedem Fall bedeuten sie eine Bedrohung des Unternehmens, Geldverluste und den Verbrauch finanzieller Reserven.

Inneres Sha

Flure zwischen der Rück- und Vorderseite sind nichts Ungewöhnliches, besonders in den englischen Flachdachhäusern, wie sie um die Jahrhundertwende beliebt waren. Einen kleinen Trost gibt es jedoch in diesem Fall, denn normalerweise haben diese Häuser einen Eingang an der Seite, wo sich ein Flur oder eine Diele längs einer Außenwand befindet, anstatt mitten durch das Haus zu verlaufen. Auch wenn diese Anordnung nicht unbedingt besonders vorteilhaft ist – da auch hier das anregende Qi, das durch die Vordertür hereinkommt, unmittelbar hinten wieder hinauszieht –, ist sie nicht annähernd so gefährlich für Familienbeziehungen, wie wenn der Flur in gerader Linie vom Vordereingang zur Hintertür mitten durch das Haus verläuft.

Gerade Flure spalten die Menschen in Lager

Gleiches läßt sich über Geschäftsbereiche sagen, in denen eine Reihe von Ateliers oder Büros von einem Durchgang wegführen. Besser wäre es, wenn alle auf einer Seite des Ganges statt auf beiden Seiten angeordnet wären. Falls Skeptiker hierfür eine rationale Erklärung fordern: Die psychologische Begründung lautet, daß ein Gang, der den Innenraum teilt, auch die Tätigkeiten, Funktionen und Beziehungen der beiden Seiten voneinander trennt. Sie werden zu gegnerischen Lagern, «wir» und «sie»; Eltern gegen Kinder, Männer gegen Frauen, Management gegen Angestellte, Vorgesetzte gegen Untergebene. Flure, die das Gebäude seitlich durchqueren, sind nicht so häufig, aber nicht weniger gefährlich. Beides zusammen führt garantiert zu Problemen.

Eine nicht ganz königliche Residenz

Vor einigen Jahren genoß ich das Privileg einer Einladung zu einer der angesehenen britischen Zeitungen, *The Daily Mail*, um die Pläne für Sunninghill Park anzusehen, dem Haus, das für seine Königliche Hoheit Prinz Andrew und die Herzogin von York gebaut wurde. Zu der Zeit befand sich das königliche Paar auf dem Höhepunkt seiner Popularität und öffentlichen Wertschätzung. Leider konnte ich nichts Zustimmendes äußern, da ich von den Plänen nicht sehr angetan war, weder von dem Entwurf noch von dem Gebäude selbst, zu dem ich geführt wurde, um die Umgebung zu prüfen.

Viele der von mir dort erkannten Fehler betreffen zwar Aspekte des Feng-Shui, die bisher noch nicht angesprochen worden sind, doch es schadet nicht, sie hier kurz zu erwähnen. Zunächst einmal ging der Eingang nach Norden hinaus, was Kälte, Winter und wenig Glück für eine vornehme Familie verhieß. Dann wies die Umgebung, die vor allem aus Feldern und Wäldern bestand, wenig markante Merkmale auf, in denen man einen schützenden Drachen- oder Tigerberg hätte erkennen können. Drittens paßte die Form des Gebäudes nicht in die Landschaft. Aber vor allem beunruhigte mich die zentrale Eingangshalle, die von zwei Fluren gekreuzt wurde; einer verlief von vorn nach hinten, der andere seitlich. Schlimmer noch: Die Gemächer des Prinzen und der Herzogin und die Verwaltungsbüros waren klar voneinander geschieden, fast so, als wäre von Anfang an beschlossen gewesen, daß das Paar getrennt leben und jeder seiner eigenen Wege gehen wollte.

Drei Feng-Shui-Gründe für das Scheitern der Ehe von Prinz Andrew und der Herzogin von York

Damals erklärte ich, daß der das Haus zerteilende Flur zu ehelichen Zwistigkeiten führen könnte. Es überrascht nicht, daß meinen Bemerkungen zu jener Zeit wenig Aufmerksamkeit gezollt wurde. Als 1992 dann die Eheprobleme des Paares verlautbart wurden, rückten meine Kommentare ins Interesse der Öffentlichkeit: «Dieser Mann wußte, daß die Liebe von Andy und Fergie zum Scheitern verurteilt war», lautete eine schrille Schlagzeile.

Die Lage von Treppenhäusern

Eine auf die Eingangstür zulaufende Treppe erzeugt Sha

In europäischen Häusern führen Treppen oft zur Haupteingangstür, so daß man auf die Stufen blickt, sobald die Tür geöffnet wird. Dies muß nach Feng-Shui als extrem ungünstig gelten, da man traditionell davon ausgeht, daß der Wohlstand die Treppen hinunter und auf die Straße hinauszieht. Die wissenschaftlichere Erklärung lautet, daß Treppe und Tür eine verstärkte gerade Linie bilden, die Sha erzeugt. In chinesischen Häusern vermeidet man nach Möglichkeit diese Anordnung. Dort führt die Treppe seitlich nach unten oder wendet sich, wenn dies nicht möglich ist, wenigstens in einem solchen Winkel ab, daß die untersten Stufen nicht auf die Tür zulaufen.

In vielen größeren Geschäften fällt sofort auf, daß man eine Konfrontation zwischen Treppe und Eingang unbedingt vermeiden wollte: Die Haupttreppe oder der Aufzug befinden sich oftmals in einem ungünstigen, unzugänglichen Winkel.

Ein alter Freund von mir, ein bedeutender Wissenschaftler und Orientalist, heiratete eine Japanerin, deren Vater Shinto-Priester ist.

Zu seinem großen Kummer mußte er auf Drängen seines Schwiegervaters ein kleines Vermögen für den teilweisen Umbau seines Hauses ausgeben, da die Lage der Haupttreppe verändert werden mußte. «War es wirklich nötig, soviel Geld auszugeben?» erkundigte sich ein Kollege ungläubig.

«Es hieß: Keine Hochzeit ohne Umbau», erklärte mein Freund, «und die Hochzeit war mir wichtiger als alles andere.»

Einige einfache Lösungen

Zum Glück für uns ist dieser Fall eine seltene Ausnahme. Das Problem mit Treppen, die gegenüber Türen liegen, läßt sich viel einfacher lösen.

Wie zuvor beschrieben, sollten Sie, wo Raum und Geldmittel es ermöglichen und dies sinnvoll ist, die unteren Stufen der Treppe so verändern, daß sich das Treppenende von der Tür abwendet. Wenn etwa nach (nicht vollständigem) Öffnen der Tür die Treppe im Dunkeln bleibt, wird dadurch die gerade Linie zwischen der Tür und der Treppe durchtrennt. Gibt die geöffnete Tür den Blick auf die Treppe frei, zum Beispiel im Fall einer rechts liegenden Treppe, wo die Türangeln auf der linken Seite sind, dann sollte die Tür so verändert werden, daß sie nach der anderen Seite aufgeht.

Aber nicht immer sind Veränderungen an der Gebäudestruktur möglich, besonders in Mietunterkünften. Lange bevor ich mich vor vielen Jahren ernsthaft dem Feng-Shui-Studium widmete, zog ich in eine praktische Londoner Wohnung in einem Wohnblock. Man betrat mein Apart-

ment von einer tiefer gelegenen Etage aus, so daß man
beim Öffnen der Eingangstür nur die Stufen sah – ein klassisches Beispiel für eine schlechte Feng-Shui-Lage. Mein
erster Gedanke aber war, daß das obere Ende der Treppe
ein idealer Platz sei, um eines meiner liebsten Besitztümer
aufzustellen: einen alten chinesischen Gong, der von den
Zähnen eines schmuckvollen Messingdrachen herabhing.
Auch wenn ich es zu der Zeit noch gar nicht wußte, hatte
ich instinktiv einen Weg gefunden, das hier erzeugte Sha
zu neutralisieren: Der Drache schlägt die bösen Geister in
die Flucht, und die konvexe Gongoberfläche wendet Sha
ab.

Sogar noch einfachere Lösungen können wirksam sein.
Ich weise häufig darauf hin, daß ein Tuch oder ein Vorhang
unten an der Treppe aufgehängt werden solle. Man kann es
so anbringen, daß die Wirkung theatralisch oder unauffällig ist, je nachdem, wie es zum Gesamtbild paßt. Wer mag,
kann – insbesondere, wenn das Haus den Charakter einer
bestimmten Epoche hat – einen Vorhang aus Glasperlen
vor die Treppe hängen, etwa als attraktive Ergänzung eines
Fin-de-siècle-Dekors. Als vorübergehende Maßnahme
können Sie ruhig zunächst einen billigen Vorhang aus Plastikbändern nehmen. Er kann sofortige Verbesserungen
für den eigenen Lebensstil herbeiführen, wie ich bei verschiedenen Gelegenheiten bei mir selbst entdeckt habe. Er
hat den Vorteil, sich leicht hin und her bewegen zu lassen,
bis die wirkungsvollste Position gefunden ist. Wenn diese
einmal ermittelt ist, kann der vorübergehend angebrachte
Vorhang durch einen dauerhafteren ersetzt werden, welcher der Einrichtung angepaßt wird.

Treppen

Oftmals führt die Treppe in Häusern auf die Eingangstür zu. Dadurch stürzt Qi unglücklicherweise aus dem Haus hinaus, was finanziellen Verlust nach sich zieht. Weniger schädlich ist es, wenn die Tür sich so öffnet, daß die Treppe von der Vordertür aus nicht gesehen werden kann. Aber zu welcher Seite die Tür sich auch öffnet, ein im Eingangsbereich angebrachtes Tuch oder ein Perlenvorhang verhindert, daß das Qi wegfließt.

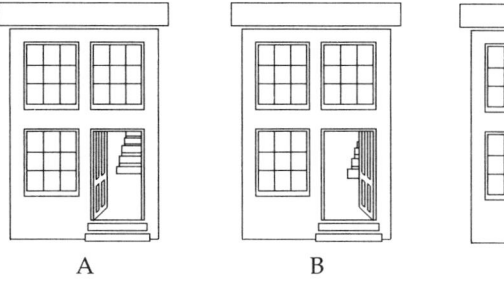

A   B   C

A Die Treppe kann von der Eingangstür aus deutlich gesehen werden. Ungünstig.

B Die Treppe wird teilweise durch die sich zur anderen Seite öffnende Tür verdeckt. Eine Verbesserung.

C Ein Vorhang im Eingangsbereich beugt dem Verlust von Qi vor.

Maßnahmen zur Verbesserung des Qi

Nachdem wir uns das Risiko vergegenwärtigt haben, daß bei Verstärkung des Qi-Potentials gleichzeitig das negative Sha anwächst, wenden wir uns nun den Möglichkeiten zu, die positiven Wirkungen erfolgreich anzuregen. Andererseits müssen wir immer darauf achten, daß die Abwehr des schädlichen Sha zu keiner Verschlechterung der energetisierenden Kraft des Qi führt.

Das grundlegende Prinzip kann nochmals so zusammengefaßt werden: Qi fließt auf sanften, wellenförmigen Wegen, Sha wandert auf geraden Linien. Wenn daher ein langer Weg oder eine Straße direkt auf einen Hauseingang zuführt, muß man hier Abhilfe schaffen durch ein Hilfsmittel, daß den Fluß zum Zirkulieren bringt. Ein Beispiel ist die bekannte Paradestraße vor dem Buckingham-Palast. Sie wäre ein Überträger von Sha, wenn sich nicht vor den Palasttoren ein großer Platz mir Kreisverkehr befände.

Gerade Wege zum Haus können durch kreisförmige Blumenbeete, Zierteiche o. ä. entschärft werden

In ähnlicher Weise kann eine Auffahrt, die geradewegs zum Eingang eines mittleren Herrschaftshauses führt, im Kreis um ein Blumenbeet, einen Zierteich oder eine Statue herumgeführt werden. Wer wie ich in einem bescheideneren Haus lebt, wo der Zugang zum Gebäude nicht zu verändern ist, kann alternative Methoden anwenden. In meinem Fall führt der Zugang zum Haus seitlich durch einen handtuchgroßen Garten. Das winzige Gärtchen wurde optisch durch den einfachen chinesischen Trick vergrößert, ihn in kleinere Abschnitte gleicher Größe aufzuteilen. Ich habe einen seitlichen Weg aus weißen Kalksteinen geschaffen, der von der Hauptrichtung in eine Kurve führt und sich hinter der Hausecke den Blicken entzieht. Dadurch läßt sich nicht nur das Feng-Shui-Ziel verwirklichen, geheime Pfeile abzulenken, sondern es hat auch den angenehmen Effekt, daß der Garten nun größer und hübscher wirkt.

Spiegel

Von allen Hilfsmitteln, Gegenständen, Objekten und mystischem Zubehör, das im Feng-Shui angewandt wird, ist der Spiegel der alltäglichste.

Statt einiger weniger Abschnitte könnte man diesem Thema leicht ein ganzes Kapitel widmen. Manche behaupten sogar, daß man ein Buch darüber füllen könnte, wie man Spiegel im Feng-Shui einsetzt, und es würde mich nicht überraschen, wenn derzeit an einem solchen Werk gearbeitet würde. Aber da die Hauptprinzipien betreffend Qi und Sha bereits beschrieben wurden, geht es hier nur um die Umsetzung der Theorie in die Praxis.

Die frühesten Beispiele des Gebrauchs von Spiegeln im Feng-Shui

Spiegel wurden immer als magisch betrachtet; man hielt sie für die Tore zur Geisterwelt. Aus diesem Grund war es vor zweitausend Jahren oder noch früher üblich, Bronze-Spiegel in den Gräbern der Reichen aufzustellen, damit ihre Seelen auf der beschwerlichen Reise sicher in das nächste Leben gelangten. Die Spiegel sind faszinierende

Zeugnisse, die häufig Inschriften von historischer Bedeutung enthalten. Während die Vorderseite glänzend gemacht war – vielleicht mit Silber oder Quecksilber –, war die Rückseite des Spiegels mit astrologischen Symbolen wie den vier großen chinesischen Himmelseinteilungen bedeckt: Drache, Vogel, Tiger und Schildkröte. Viele Spiegel enthalten eine Inschrift in Versen und deuten auf ihren Gebrauch in eher kosmischen als kosmetischen Bereichen hin. Ein Spiegel, der in einem zweitausend Jahre alten Grab in China gefunden wurde, enthält die Inschrift: «Heilige Männer machten diesen Spiegel ... Seine Kraft verdankt er den Fünf Elementen. Er spiegelt Sonne und Mond wider. Er wendet alles Übel ab ...»

Die Spiegel wiesen in der Mitte häufig ein etwa CD-großes Muster auf, unterteilt in Quadrate, ähnlich einem Stadtplan und mit Toren in allen vier Stadtmauern. Die Bedeutung ist offensichtlich. Schon in Chinas frühester Geschichte bestand über den Spiegel als Medium eine enge Verwandtschaft zwischen dem Bau von Städten und dem Bedürfnis, die irdische Welt mit der himmlischen in Übereinstimmung zu bringen. Solche alten Spiegel sind nicht ungewöhnlich; verschiedene Exemplare findet man in den großen Museen der Erde, und ich habe sie sogar schon in Antiquitätengeschäften in Hongkong und China gesehen, aber leider zu unerschwinglichen Preisen.

Bagua-Spiegel

Aus den Inschriften jener alten Spiegel wissen wir, daß bereits in frühesten Zeiten Spiegel nicht nur als wertvolle Schmuckstücke geschätzt wurden, sondern auch wegen ihrer Macht, das Böse zu vertreiben. Ein Teil dieser Macht lag in der geheimnisvollen Spiegeleigenschaft der glatten Oberfläche, aber ein Großteil seiner Wirkung muß den speziellen Mustern und Symbolen auf den Rückseiten der Spiegel zugeschrieben worden sein. Das moderne Äquivalent der alten Bronze-Spiegel ist die achteckige Form, die man häufig vor chinesischen Geschäften und Restaurants vorfindet. Die kleinen runden Spiegel sind achteckig gerahmt und normalerweise rot, grün und golden bemalt. Sie sind als Bagua-Spiegel bekannt (*Bagua*, oder in alter Schreibweise *Pa-kua*, bedeutet «Acht Trigramme», weil die Spiegelkante mit den acht Trigrammen des *I Ging* beschrieben ist.) Die achteckige Form gilt den Chinesen als bevorzugtes Muster, denn sie verweist direkt auf die acht Himmelsrichtungen (Norden, Osten, Süden, Westen und die Zwischenrichtungen) und somit auf die starken Kräfte der Acht Trigramme, die man mit den acht Richtungen in Verbindung bringt.

Die Wirksamkeit des Bagua-Spiegels verdankt sich weniger seiner reflektorischen Eigenschaft als der Macht der Acht Trigramme, die das Böse vertreiben. Der Spiegel in der Mitte ist von zweitrangiger Bedeutung. Tatsächlich gehört er zu einem in verschiedenen östlichen Kulturen verbreiteten Brauch, demzufolge kleine Spiegel das «böse Auge» abwenden und aus diesem Grund oft in die Trachten von Kindern und Bräuten eingenäht werden.

Der Bagua-Spiegel verfügt über die Kraft der Acht Trigramme

Hauseigentümer bringen Bagua-Spiegel häufig an den Außenseiten von Gebäuden an. Sie sind ängstlich darauf bedacht, hinter Profiten herzujagen und die Traditionen ihrer Vorfahren zu befolgen, ohne jedoch die Funktion des

Der Bagua-Spiegel wehrt Sha ab

Bagua-Spiegels genau zu kennen. Man nimmt allgemein an, daß der Bagua-Spiegel dafür da sei, um Glück auf sich zu ziehen. Dem ist aber nicht so. Er dient der Abwehr von Sha. Im Idealfall sollte der Spiegel so angebracht sein, daß er sich einem ungünstigen Merkmal direkt gegenüber befindet, zum Beispiel einer Hausecke oder einem unschönen Fleck in der Landschaft.

Nach meiner Erfahrung haben die populären Bagua-Spiegel, die in chinesischen Supermärkten verkauft werden, normalerweise keine besondere Qualität, und zu ihren Mängeln gehört, daß die Haken, an denen man sie aufhängt, dazu neigen, sich zu lockern. Bricht der Haken einmal aus der Wand, muß er an derselben Stelle wieder gründlich befestigt werden, damit man den Spiegel richtig aufhängt. Finden Sie die Seite heraus, an der ein Diagramm mit drei nicht unterbrochenen Linien ist, denn sie sollte sich oben befinden.

Der Gebrauch normaler Spiegel

Da die Ackteckform symbolisch die Acht Trigramme darstellt, dient jeder achteckige Spiegel demselben Zweck. Den Stil des Rahmens und die Größe des Spiegels kann man somit entsprechend der Möblierung wählen, ohne daß man sich den vorrangigen Farben chinesischer Spiegel anpassen müßte, die für westlichen Geschmack etwas zu grell sein mögen.

Bagua-Spiegel wirken durch ihre achteckige Form

Achteckige Spiegel können also aus Feng-Shui-Gründen in Eingangshallen, Empfangs- und anderen Innenräumen angebracht werden, ohne das vorherrschende Farbschema zu stören. Bagua-Spiegel sind im allgemeinen ganz klein und unaufdringlich (oder sollten es zumindest sein). Die Größe ist nicht wichtig, auch wenn einige Chinesen glauben, daß ein Spiegel um so wirkungsvoller sei, je größer er ist. Andererseits dürfen dekorative achteckige Spiegel den Erfordernissen entsprechend durchaus groß sein. Gewöhnliche, schlichte Spiegel haben andere Aufgaben. Vorzugsweise hänge ich sie an eine Wand, um den Eindruck eines dahinter gelegenen größeren Raumes zu vermitteln. Man muß allerdings beim Anbringen sehr großer Spiegel beachten, daß der Bereich hinter dem Spiegel keiner sein darf, der vergrößert werden sollte. Wenn wir uns später die Lage glücklicher und unglücklicher Bereiche ansehen, werden wir sehen, wie man Spiegel nutzen kann, um günstige Bereiche ins Haus zu bringen.

Oft befinden sich in Apartments, modernisierten Häusern und Bürogebäuden die Badezimmer und Toiletten in einem Bereich in der Mitte, wo es weder natürliches Licht noch Belüftung gibt. Hier helfen die Spiegel bei der Anregung von Qi und können an allen vier Wänden angebracht werden. Einander gegenüber angebrachte Spiegel an jeder Wand schaffen die Illusion eines riesigen Raumes, was eine äußerst effektive Art ist, das Qi in einem geschlossenen Raum zu maximieren.

Seit mindestens zweitausend Jahren werden neben einfachen Spiegeln auch konvexe (nach außen gewölbte) und konkave (nach innen gewölbte) Spiegel wegen ihrer besonderen Kraft benutzt. Viele alte Bronze-Spiegel waren wie Rasierspiegel ein wenig konkav, was eine leicht vergrößernde Wirkung hat. Häufig werde ich gefragt, ob konvexe oder konkave Spiegel vorzuziehen seien. Die Antwort hängt davon ab, welchen Zweck man letztlich verfolgt.

Konvexe Spiegel wehren Sha ab

Konvexe Spiegel brechen das Licht und zerstreuen es, so daß man sie zur Abwendung von Sha benutzt. Wenn man in einen konvexen Spiegel blickt, sieht man das ganze Panorama des Zimmers, in dem man steht. Daher kann man konvexe Spiegel an Stellen benutzen, wo Sha durch lange Flure oder Treppenhäuser entsteht. Diesen Zweck erfüllt jede konvexe Fläche, wie die glatte, gerundete Scheibe eines Gongs oder einer dekorativen Schmuckplatte.

Bringen Sie den Spiegel, Gong oder die Platte so an, daß sie auf das Sha gerichtet sind und den Pfeil abwenden, so daß er landet, ohne Schaden anzurichten.

Konkave Spiegel konzentrieren Qi

Konkave Spiegel hingegen sammeln und fokussieren. Schauen Sie in einen hinein, und Sie sehen nur Ihr Gesicht. Konkave Spiegel können also zur Konzentration von Qi in geschlossenen Räumen genutzt werden, zum Beispiel in Eingangshallen, die wenig oder gar kein natürliches Licht haben, aber nicht geheimen Pfeilen ausgesetzt sind.

Oft habe ich gehört, daß schräg verlaufende Spiegel mit geschliffenen Rändern schlecht für das Feng-Shui seien. Mir erscheint das wie eine dieser Verallgemeinerungen, die auf mangelhaften Kenntnissen beruhen. Es gibt Fälle, wo ein geschliffener Spiegel ungünstig sein kann, aber ebenso kann er die Anregung und Verteilung von Qi unterstützen. Zur größeren Verständlichkeit dieses Aspekts müssen wir auf eine Entwicklung bei den Geomantikern eingehen, die seit kurzem Kristalle in ihr Maßnahmen-Repertoire aufgenommen haben.

Kristallfacetten

In den letzten Jahren hat es einen Trend unter westlichen Feng-Shui-Praktikern (und auch bei ihren chinesischen Kollegen) gegeben, Kristalle und Halbedelsteine als Hilfsmittel einzusetzen, um das Feng-Shui zu verbessern. Merkwürdigerweise erwähnt kein traditioneller chinesischer Text den Gebrauch kristalliner Steine, die nach Abkühlung der Erde überall zu finden waren. Das soll nicht heißen, daß sie keinen Platz im Feng-Shui haben können, doch wenn man sich für ihren Gebrauch zu Feng-Shui-Zwecken entscheidet, sollte man wissen, warum. Wie bei Spiegeln, Blumen, Windspielen, Flöten und sonstigen Hilfsmitteln ist es ein Grundirrtum anzunehmen, daß ein bestimmtes Objekt an beliebigen Stellen Wunder wirkt, nachdem irgend jemand irgendwo einmal gesagt hat, man solle es an einer bestimmten Stelle anbringen.

Doch wir wollen alles der Reihe nach betrachten. Die Feng-Shui-Klassiker erwähnen keine geschliffenen Steine, hingegen ist den natürlichen, vom Wetter abgenutzten Steinen immer schon eine große Bedeutung zugekommen. Ohne seinen eigenen, durch Wettereinflüsse bizarr geformten Felsblock ist kein traditioneller chinesischer Garten vollständig. Wertvolle durchsichtige Edelsteine wie Diamanten, Smaragde und Rubine, bei den Mogulen so begehrt, waren nicht annähernd so hoch geschätzt wie Jade mit seinen vielfältigen feinen Farbschattierungen. Überdies galten solche Jadestücke als besonders wertvoll, die in die Form von natürlichen Steinen und Bergen gebracht worden waren, und sogar die mühevoll bearbeiteten Exemplare, die Szenen aus der chinesischen Mythologie zeigten, stellten die Figuren in der Regel in irgendeiner Berglandschaft dar. Einen solchen Schatz konnte man auf dem Tisch eines jeden Wissenschaftlers oder anderer Personen von Rang und Bildung vorfinden.

Ich fürchte, daß geschliffene Steine ohne großes Nachdenken in das Repertoire des modernen Feng-Shui eingeführt worden sind. Ich entsinne mich auch nicht, daß irgend jemand eine Unterscheidung zwischen natürlichen Kristallen wie Amethyst, Quarz und Feldspan und den sogenannten Kristallen getroffen hätte, bei denen es sich in Wirklichkeit um hübsche, blitzende Glassteinchen handelt, die zu Prismen geformt sind. Können sie ebenfalls wirksam sein? Ist die Feng-Shui-Qualität des natürlichen Amethyst oder Felskristalls in dessen kristalliner Struktur, seiner Atomzusammensetzung oder der Gestalt begründet?

Wenn sich die Fähigkeit, Qi zu verstärken, aus seiner Kristallstruktur herleitet, dann müssen etwa «Kristall»-Ohrringe aus Glas (in welcher Qualität auch immer) eindeutig unwirksam sein, weil es sich einfach um kein richtiges Kristall handelt. (Aus wissenschaftlicher Sicht ist Glas nicht einmal fest, sondern eine unbeschreiblich langsam fließende, viskose Flüssigkeit.)

Wenn hingegen die Qi-verstärkende Eigenschaft von seinen vielen leuchtenden Facetten herrührt, dann ist es offensichtlich nicht von Belang, ob das «Kristall» echtes Kristall, ein unechter Stein oder sogar Plexiglas ist, solange es glitzert.

Falls sich jedoch andererseits die Kraft des Natursteins seiner chemischen oder atomaren Zusammensetzung verdankt, dann wäre der Stein ebenso wirkungsvoll, wenn er überhaupt nicht aus Kristall wäre, sondern grob behauen oder sogar rund und poliert.

Der richtige Gebrauch von Kristallen

Folglich sollte man den Grund kennen, falls man jemandem den Rat erteilt, einen «Kristall» an eine bestimmte Stelle zu setzen oder zu hängen. Sonst könnte man die falsche Wirkung hervorrufen. Zum Beispiel wurde ich einmal gebeten, mich über eine Zahnklinik zu äußern. Auch wenn Zahnkliniken heute nicht mehr die schrecklichen Folterkammern von einst sind, gehören sie nicht zu unseren bevorzugten Erfahrungsbereichen. In dieser betreffenden Praxis hatte man alles unternommen, um OP und Sprechzimmer so entspannend und vertraueneinflößend wie möglich zu gestalten. Aber mir fiel auf, daß die Zahnärztin in einem Sprechzimmer einige natürliche Amethyst-Kristalle ausgelegt hatte, um – wie sie erklärte – das heilende Qi zu verbessern. Dies war nun ein Beispiel dafür, wie man Kristalle falsch benutzen kann: Sicher stimulierten die geschliffenen Seiten das Qi, aber in falscher Weise. Zahnschmerzen und Kieferoperationen können sehr schmerzhaft sein, und hier ist es wichtig, besänftigendes Qi zu produzieren, um den Schmerz zu lindern, nicht stimulierendes Qi, das den Patienten nur noch deutlicher seine Schmerzen fühlen läßt. Daher bestünde in diesem Fall die Lösung darin, glatte Amethyst-Steine zu verwenden, die ebenfalls über die wesentlichen Heileigenschaften des Edelsteins verfügen, ohne daß das Qi schmerzempfindliche Nerven anregt.

　　Einige Edelsteinarten, wie Turmalin, haben lange spitze Kristalle. Sie können eine nützliche Rolle dabei spielen, Qi zu sammeln, zu konzentrieren und in Bereiche zu lenken, die Anregung brauchen. In dieser Hinsicht spielen sie dieselbe Rolle wie Bambusrohre oder Flöten, wo diese sinnvoll den Qi-Fluß verbessern. Aber wie bei der Ausrichtung von Flöten, Pfeifen und Rohren muß auch die der Kristalle stimmen, damit das Qi wirklich in die erforderlichen Bereiche fließt und sich nicht zerstreut. Dies läßt sich leicht erreichen. Man braucht sich den Kristall nur als eine Taschenlampe vorzustellen, von dessen Ende ein Lichtstrahl ausgeht. Plazieren Sie ihn so, daß der Qi-Strahl auf die Stelle gerichtet ist, die man kräftigen will.

Kristalle können bestimmte Bereiche gezielt mit Qi erfüllen

Wenn seine Lage einmal feststeht, sollte man dafür sorgen, daß sich seine Stellung nicht durch zufällige Berührungen verändert. Dann kann sich der Qi-Fluß auf die falsche Stelle richten, so wie in einer schlechten Amateurtheater-Aufführung die Scheinwerfer nicht auf den Star gerichtet sind. Falls jemand den Kristall in die Hand nimmt, achten Sie darauf, daß er anschließend wieder im korrekten Winkel zurückgestellt wird.

Eine dritte Anwendung für Kristalle und geschliffenes Glas bietet sich dort an, wo man das Qi zerstreuen und eine tote Stelle anregen will. Im Fall von Badezimmern und Toiletten oder auch angegliederten Büros, die keine Fenster oder natürliches Licht haben, erfüllen Kristalle und geschliffene Glasprismen die nützliche Funktion, Licht und Qi an den Wänden des «kleinsten Raumes» entlang zu leiten. In einem solchen Fall kommt es nicht darauf an, ob das «Kristall» natürlicher Felsquarz, billiges Plastik oder der Kohinoor-Diamant ist. In mehr oder weniger starkem Ausmaß erfüllen sie alle dieselbe Funktion.

Die Fünf Elemente

Eine meiner größten Herausforderungen, und sicherlich
die faszinierendste, war eine Einladung, meine Meinung
über das Feng-Shui eines Piers am Meer zu äußern. Hier
war ein Bauwerk, ein geschäftliches Unternehmen, das
nicht nur beinahe völlig von Wasser umgeben, sondern zudem noch auf dem Wasser war. Es gab keine spitzen Winkel, von denen böses Sha ausging, noch gab es Berge, die
das Bauwerk umschlossen und mit vitalisierendem Qi
schützten. Ich konnte mich nicht an den geschwungenen
Mustern von Flüssen oder Straßen orientieren, denn hinter
der Landungsbrücke gab es nichts außer dem weiten Meer.

Es gibt eine allgemeine Regel betreffend die Gebäude,
die auf Seen, breite Flüsse und das Meer hinausgehen: Da
das Wasser kalt und naß ist, verkörpert es das Yin-Prinzip,
und deswegen darf man das Yang-Prinzip nicht zu stark
unterdrücken. Am Meer, wo die Yin-Kraft überreichlich
vorhanden ist und schreckliche Stürme oft Verheerungen
anrichten, ist es wichtig, so weit wie technisch möglich die
Yin-Kraft durch eine Hervorhebung und Stärkung von
Yang zu kontrollieren.

Wenn sie harmonisch ausgeglichen sind, spiegeln die
Fünf Elemente das Gleichgewicht von Yin und Yang wider;
wir müssen daher die dem Yang zugehörigen Faktoren
stärken.

Da das Meer Yin ist und das Land Yang, müssen die Zu-
gänge und Wege von der Landseite her Yang einladen und
Yin von der Seeseite herausfiltern. Das Phänomen der
wechselnden Seebrise, die am Tag von der Meerseite
kommt, abends jedoch vom Land zum Meer weht, konnte
zur Maximierung des Yang-Qi genutzt werden. Beispielsweise konnten seitliche Türöffnungen so verändert werden, daß die Yang-Brise vom Land hereingelassen wurde,
nicht aber die Yin-Brise vom Meer.

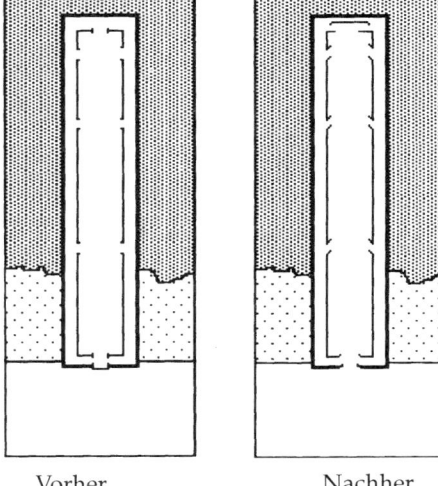

Die im Text beschriebene
Landungsbrücke mit den
veränderten Türöffnungen
an Längs- und Schmalsei-
ten.

Vorher   Nachher

Wichtiger noch war aber der Aspekt des Feng-Shui, der
noch nicht angesprochen wurde: das Prinzip der Fünf Elemente.

Dieses Prinzip ist die Grundlage aller Bereiche der chinesischen Philosophie, nicht nur der Esoterik, sondern

auch der Naturwissenschaften und der Medizin. Weiter unten in diesem Kapitel werden wir sehen, wie das Prinzip der Fünf Elemente genutzt werden kann, um die Beziehungen zwischen einer Umgebung und der darin befindlichen Gebäude zu dem Wohlbefinden und der Gesundheit der darin lebenden und arbeitenden Menschen zu bestimmen. Die Grade der Beziehungen lassen sich folgendermaßen festlegen:

A Die Umgebung und Die Gebäude in der Umgebung
B Benachbarte Gebäude und Das untersuchte Gebäude
C Das Gebäude und Die Menschen, die dort wohnen oder arbeiten
D Die Menschen im Gebäude und Der einzelne untersuchte Mensch
E Der Mensch und Die Gesundheit des Menschen

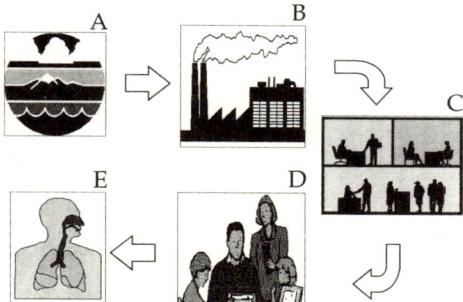

Die Fünf Elemente sind Holz, Feuer, Erde, Metall und Wasser. Beachten Sie, daß es kein Element «Luft» gibt. Das hängt schlicht damit zusammen, daß die fünf Elemente der chinesischen Philosophie nicht mit den vier griechischen gleichzusetzen sind. Die Namen entsprechen sich sowenig wie ihre Eigenschaften oder Funktionen. Ein paar Ähnlich-

keiten wie die Namen Erde, Feuer und Wasser bestehen
zufällig, hingegen gibt es viele wichtige Faktoren, die das
Gesamtkonzept von den chinesischen Elementen wesentlich von den vier Elementen unterscheiden, mit denen
Kenner der westlichen Astrologie vertraut sind.

Wer fragt: «Wo ist das Element Luft?», sollte auf die chinesische Gegenfrage gefaßt sein: «Wo ist das Holz und wo
das Metall?»

Die Astrologen der Mongolei, die zwischen China und
der westlichen Welt gelegen ist, sind in dieser Frage auf
Nummer Sicher gegangen und haben sich für sechs Elemente entschieden: die fünf der chinesischen Philosophie
plus Luft. Allerdings scheint mir ihre Kenntnis der chinesischen Doktrin der Fünf Elemente unvollkommen zu sein.
Und ebenso unvollkommen sind die Kenntnisse derjenigen, die durch Antlitz- oder Handlesen oder was auch immer die «Geheimnisse» der chinesischen Astrologie zu ent-
hüllen vermeinen und sich auf vier Elemente beziehen.

Erstaunt entdeckte ich in einem umfangreichen Buch
über chinesische Wahrsagerei, das augenscheinlich von einem chinesischen «Meister» verfaßt war, daß es sich im
Vorwort auf die «vier Elemente» Erde, Feuer, Wasser und
Qi bezog. Beim Weiterlesen wurde mir klar, daß das Buch
in Wirklichkeit die Übersetzung eines seinerseits aus dem
Chinesischen übersetzten japanischen Werkes war, das
wiederum eine Fassung eines bekannten Buches über
westliche Handlesekunst war!

Das Geheimnis der Fünf Elemente, wenn es denn ein Geheimnis gibt, liegt darin begründet, daß Fünf eine Prim-
zahl ist und die chinesischen Elemente nicht miteinander
verglichen oder einander gegenübergestellt werden können wie ihre westlichen Gegenstücke. In der chinesischen

Doktrin der Fünf Elemente gibt es keine Komplementär- oder Gegensatzpaare. Statt dessen beziehen sich die Fünf Elemente in einer Reihenfolge aufeinander, entweder in gegenseitiger Erzeugung oder in gegenseitiger Zerstörung. Bevor wir uns jedoch genauer diesem besonderen Aspekt der chinesischen Naturphilosophie zuwenden, müssen wir uns zunächst mit den Eigenschaften der Elemente selbst beschäftigen.

Wu Xing – Die Fünf Elemente

Das Wort «Element» ist keine genaue Übersetzung des chinesischen Begriffs, der wörtlich die fünf «Gehweisen» bedeutet. (Das chinesische Zeichen stellt einen linken und einen rechten Fuß dar.) Einige Autoritäten benutzen den Ausdruck «fünf Wirkweisen» oder fünf «Phasen», was der praktischen Bedeutung eher entspricht. Man könnte auch von den fünf Transformationen, den fünf Seinszuständen, den fünf Manifestationen oder treffender, wenngleich weniger deutlich, den fünf Kategorien sprechen.

Als jedoch die ersten Versuche unternommen wurden, die chinesische Naturphilosophie zu begreifen, verglichen die ersten Übersetzer die fünf «Gehweisen» mit den vier westlichen Elementen. Man achtete damals mehr auf die Gemeinsamkeiten als auf die Unterschiede und führte daher den Begriff «Elemente» ein. Da das Wort «Element» aber ohnehin eine Vielfalt an Bedeutungen beinhaltet und der Begriff mittlerweile durch langen Gebrauch geheiligt ist, wäre es vermutlich pedantisch, einen anderen Begriff zu benutzen.

Die primären Eigenschaften

Zunächst einmal müssen wir die fünf wesentlichen Eigenschaften der Elemente selbst verstehen.

Man kann die Fünf Elemente den Fünf Himmelsrichtungen zuordnen, mit den Kardinalpunkten Norden, Osten, Süden und Westen, denen die Chinesen vernünftigerweise das Zentrum hinzufügen. Die Vier Kardinalpunkte beziehen sich auf die vier Himmelsviertel, in denen die chinesischen Astronomen von jeher die vier großen Sternbilder sahen: die Schwarze Schildkröte, den Grünen Drachen, den Roten Vogel und den Weißen Tiger. Da der Betrachter selbst auf der Erde stand, hatte das Zentrum keinen Sternbild-Namen. Die Sterne der anderen vier Sternbilder waren nur zu bestimmten Zeiten des Jahres sichtbar, so daß das Sternbild der Schildkröte (zu dem die Sterne des Orion gehören) mit dem Winter assoziiert wird, der Drache mit dem Frühling, der Vogel mit dem Sommer und der Tiger mit dem Herbst.

Somit haben wir bereits vier Eigenschaften: eine Himmelsrichtung, eine Jahreszeit, eine Farbe und einen Tiernamen:

Norden	Winter	Schwarze Schildkröte
Osten	Frühling	Blaugrüner Drache
Zentrum		
Süden	Sommer	Roter Vogel
Westen	Herbst	Weißer Tiger

Dieser Liste könnten wir die Tageszeiten hinzufügen, die den Jahreszeiten entsprechen. Somit stellt der Norden die Mitternacht, der Osten die Morgendämmerung, der Süden den Mittag und der Westen die Abenddämmerung dar.

Die chinesischen Astronomen waren immer schon mit fünf besonderen «Sternen» vertraut, die wir als die Planeten Merkur, Jupiter, Mars, Saturn und Venus kennen. Den Chinesen waren diese Planeten unter den Namen Wasser-Stern, Holz-Stern, Feuer-Stern, Erd-Stern und Metall-Stern bekannt. Dem ungeübten Auge mögen all diese Sterne gleich erscheinen, doch sie unterscheiden sich kaum wahrnehmbar in ihrer Färbung. Der Mars, der Feuer-Stern, ist rot, weswegen er wahrscheinlich seinen Namen erhielt. Jupiter hat einen bläulichen Schimmer, Venus, der Metall-Stern, ist von strahlendem Weiß wie ein gleißendes, geschliffenes Schwert. Saturn ist gelb wie die Erde in Zentralchina, das Löß, das dem Huang Ho, dem Gelben Fluß, seine deutlich ockerfarbene Tönung verleiht.

Auch war den alten Weisen bewußt, daß im Westen Chinas das Himalaja-Gebirge mit seinen weißen Gipfeln lag, während im Osten das blaugrüne Meer war. Der Norden war natürlich kalt und naß und der Süden heiß.

Aber auch andere Muster waren offensichtlich. Das Element Holz war mit dem Frühling verbunden, der Jahreszeit, in der sich das Leben in der Natur erneuerte. Entsprechend dem Element Feuer war der Sommer heiß. Im Herbst erntete man das Korn mit Sensen aus Metall, während der Winter kalt, naß und dunkel war. Die Muster schienen so bedeutsam, daß das Beziehungsnetz der Fünf Himmelsrichtungen erweitert wurde, damit man die Namen und Eigenschaften einbeziehen konnte, die mit den fünf bekannten Planeten verbunden werden. Folglich entstand eine Zuordnung der Fünf Elemente zu ihren Eigenschaften, so daß das oben aufgeführte Schema nun um die folgenden grundlegenden Merkmale erweitert werden kann:

Holz	Jupiter	Osten	Frühling	Morgen-dämmerung	Blaugrün	Drache
Feuer	Mars	Süden	Sommer	Mittag	Rot	Vogel
Erde	Saturn	Zentrum			Gelb	
Metall	Venus	Westen	Herbst	Abend-dämmerung	Weiß	Tiger
Wasser	Merkur	Norden	Winter	Mitternacht	Schwarz	Schild-kröte

Die sekundären Eigenschaften

Die Beziehungen zwischen Planeten, Sternbildern, geographischen Aspekten, Jahres- und Tageszeiten waren so elegant, daß das Konzept der Fünfteilung auf alle möglichen Situationen angewandt wurde, von dem abstrakten Prinzip der Regierungsbezirke bis zum konkreten Bereich von Medizin und Gesundheit. In einer sehr frühen Phase der Entwicklung der Feng-Shui-Theorie wurden Gebäude durch ein von den Chinesen «der Klang eines Hauses» genanntes Medium zu ihren Bewohnern in Beziehung gesetzt. Anscheinend sprachen die Chinesen von dem «Klang» eines Hauses, wenn sie in Wirklichkeit seine Elemente meinten, denn die fünf Noten der chinesischen Tonleiter wurden ebenfalls auf die Fünf Elemente bezogen. Die Note C oder Do entsprach dem Element Erde, D oder Re dem Metall, E oder Mi stellte Holz dar, G oder So repräsentierte Feuer und A oder La das Element Wasser.

Die fünf Noten der Tonleiter mußten gestimmt bleiben. Wenn sie nicht klar klangen, war dies ein Hinweis auf kommendes Unglück.

Klang Do unrein, stand zu erwarten, daß der Herrscher sich arrogant geben würde; bei unreinem Re lag der Fehler bei seinen Ministern. War Mi betroffen, würde sich das Volk auflehnen, bei So gäbe es Schwierigkeiten beim Handel, und bei La käme es zu Naturkatastrophen. War diese Struktur auf die Regierung einer Nation anwendbar, so ließ sie sich auch leicht auf das eigene Heim beziehen, wo das Familienoberhaupt als der Herrscher, seine Frau als Ratgeber, das Volk als Familie und Dienstboten betrachtet wurde und sich Handel und Naturkatastrophen auf die Belange der Familie bezogen.

Um Probleme zu mildern, mußte man den entsprechenden Ton des Hauses richtig stimmen. Hier wird deutlich, daß in dieser Tradition der Gebrauch von Windspielen gründet, die heutzutage unhinterfragt als allgemeingültige Feng-Shui-«Hilfsmittel» gelten.

Aus Feng-Shui-Sicht hatte zudem jedes der Fünf Elemente seine eigene Form.

Holz, das Wachstum repräsentierte, zeigte sich in hohen Säulen, die an Baumstämme erinnerten. Feuer wurde in scharfen Winkeln und Dreiecken gesehen, die wie Flammen aussahen; das Element Erde zeigte sich in Rechtecken und flachen Flächen (nach dem alten Prinzip, daß der Himmel rund, die Erde aber quadratisch sei). Das Element Metall erkannte man wie Metallmünzen in Bögen und Bogenfenstern, während sich das formlose Wasser amöbenhaft in allem widerspiegelte, was keine geregelte Form hatte.

Die Fünf Elemente und ihre formalen Entsprechungen

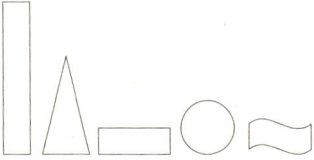

Die Fünf Elemente, wie sie sich in architektonischer Form darstellen, siehe S. 104 und 105.

Rathaus, Stockport (Edwin Landseer Lutyens).
An seiner Fassade mit den vielen Säulen erkennt man
Holz als das vorherrschende Element.

King's Valley, Gewerbegebiet, Stockport.
Die Pyramide repräsentiert das Element Feuer.

Die horizontalen Linien in
diesem Bürogebäude weisen
unmittelbar auf das Element
Erde hin.

Das Element Metall zeigt sich in Kuppeln und Bögen.

Unregelmäßige Formen wie die Vorderseite dieses Hotels in Hongkong symbolisieren das Element Wasser.

Die subtile Asymmetrie dieses modernen Wohn-hauses fügt das Element Wasser den vier anderen, leicht erkennbaren Element-formen hinzu.

Feng-Shui-Experten suchen nach diesen fünf Grundformen, wenn sie die Umgebung eines Gebäudes betrachten. So können sie erkennen, ob die Umgebung zu dem Gebäude paßt, ob das Gebäude sich der Landschaft einfügt oder im Widerspruch zu ihr steht.

Ebenso ist es möglich, einen Menschen anzusehen und seine Elemente-Eigenschaften einzuschätzen. Ein großer, dünner Mensch gehört zum Element Holz, jemand mit deutlich kantigen Gesichtszügen oder einer rötlichen Gesichtshaut zum Element Feuer, der stämmige, leicht gebräunte Landbesitzer mit dem kräftigen Unterkiefer zum Element Erde, der blaßhäutige Typ mit dem runden Gesicht zu dem geldbewußten Element Metall und die ausdrucksvolle sehnige Person mit dunklen Haaren und bezaubernd unregelmäßigen Gesichtszügen zum Wasserelement.

Die generative Ordnung

Die Eigenheiten der einzelnen Elemente lassen sich anhand der zwei wichtigen Elemente-Sequenzen noch besser verständlich machen. Die erste ist die generative oder produktive Ordnung, in der jedes Element in einer Reihenfolge als der Erzeuger des nächsten Elementes gesehen wird. Die Chinesen nennen diese Ordnung manchmal die «Mutter-und-Sohn»-Reihenfolge, da jedes Element das nächste hervorbringt.

So bringt Holz Feuer hervor, dieses hinterläßt wiederum Erde und so weiter. Das Diagramm zeigt deutlich, wie jedes Element in einer bestimmten Reihenfolge das nächste hervorbringt.

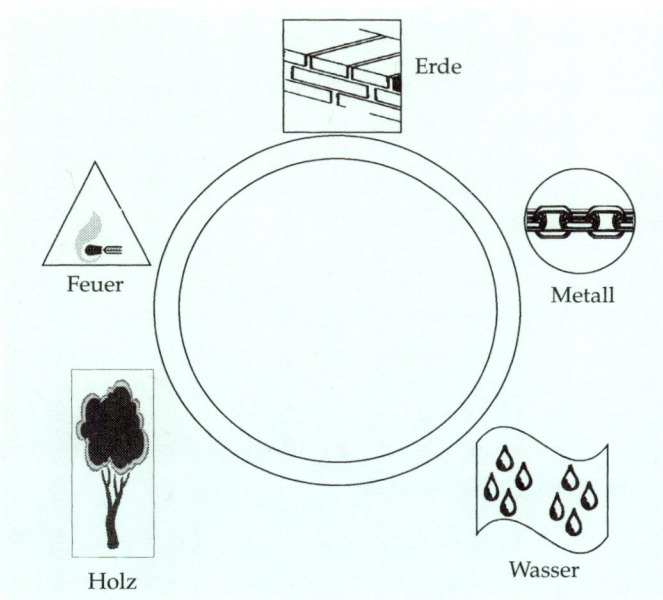

Man kann sich die Reihenfolge folgendermaßen merken:

> Holz brennt und bringt Feuer hervor.
> Feuer hinterläßt Asche, welche die Erde nährt.
> Aus der Erde wird Metall gefördert.
> Metall kann geschmolzen werden und wie Wasser fließen.
> Wasser wird gebraucht, damit das Holz wächst.

Dies zum leichteren Einprägen der generativen Ordnung der Elemente. Manche Leute stellen sich auch Wasser vor, das sich auf kalten metallenen Flächen kondensiert. Das Bild selbst enthält keine Bedeutung; wichtig daran ist, daß man sich die Reihenfolge der Elemente merkt.

Wenn zwei Elemente in der generativen Reihenfolge zusammenstehen, herrscht zwischen ihnen Harmonie. Das erste Element hilft dem zweiten; das zweite Element bezieht aus dem ersten Kraft. Aus dieser wesentlichen Quelle, die zugleich das wesentliche Prinzip der chinesischen Medizin ist, finden sich Lösungen für praktisch jedes Feng-Shui-Problem.

Die Fünf Typen der Umgebung

Dieses Prinzip wird praktisch umgesetzt, indem man betrachtet, wie Gebäude sich ihrer Umgebung anpassen. Die Richtlinien lassen sich sowohl auf ländliche Umgebungen wie auch auf Stadtlandschaften anwenden.

Holz-Umgebung

Die Holz-Umgebung zeigt sich in einem ländlichen Gebiet durch dichten Waldwuchs, der einen allgemeinen Überblick über die Landbeschaffenheit nicht erlaubt, oder in urbaner Landschaft durch Hochhäuser und Säulenkonstruktionen, in denen die Form des Elements Holz vorherrscht.

Feuer-Umgebung

Die Feuer-Umgebung, in der dreieckige Formen dominieren, kann man an den spitzen Gipfeln von Berglandschaften erkennen oder in bebauten Gebieten an den deutlich zugespitzten Dächern und Winkeln.

Erd-Umgebung

Die Erd-Umgebung ist flach und findet sich auf geraden Ebenen oder in der Stadt, wo es niedrige Flachdachgebäude oder Häuser mit ausgeprägt vorherrschenden horizontalen Linien gibt. Landschaften des Erdtyps äußern

Holz

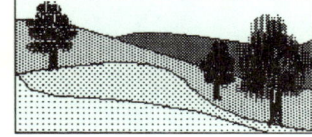

Metall

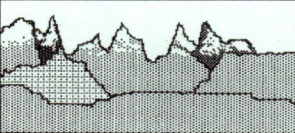

Feuer

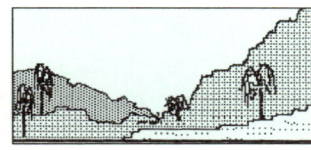

Wasser

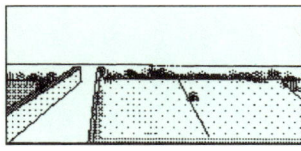

Erde

sich manchmal durch reichliches Vorkommen von Ton-
erde, die man zur Herstellung von Ziegelsteinen oder Töp-
ferware benutzt.

Die Metall-Umgebung zeigt sich in hügeligen Landschaften, die oft reich an Mineralvorkommen sind, wobei Me-
tallerzflöze häufig die Kanten der Berge bestimmen. In
städtischer Landschaft wird das Element Metall durch
Kuppelbauten, gewölbte Formen und Bogenkonstruktio-
nen betont.

Metall-Umgebung

Das Element Wasser findet man in Regionen, wo es mehr
Wasser als Land gibt, etwa am Meer oder an Seen, in
Sumpfgebieten oder an einem verzweigten Kanalsystem.
Aber auch dort, wo es kein Wasser gibt, kann sich das Ele-
ment Wasser in Gebäuden mit unregelmäßiger Form, im

Wasser-Umgebung

Gebrauch von Glas oder in wellenförmigen Silhouetten niederschlagen.

Harmonie in der Umgebung

Gebäudetypen harmonieren dann mit ihrer Umgebung, wenn ihre grundlegenden Elemente-Eigenschaften dem Element ihrer Umgebung entsprechen. Noch günstiger ist es, wenn sie von ihrem Umgebungs-Element hervorgebracht werden, weniger günstig, wenn sie selbst das Element ihrer Umgebung hervorbringen.

Beispielsweise sind in Wäldern, die das Element Holz aufweisen, Holzchalets mit schräg abgewinkelten Dächern harmonisch. In ihnen wird das Element Feuer repräsentiert, so daß sich das Chalet und die Landschaft in Harmonie befinden.

Merkwürdigerweise wäre in der Feuer-Landschaft ein Gebäude des Erdtyps (z. B. in Form des Flachdachhauses) in einer günstigeren Position (vorausgesetzt, es wäre auch praktisch), da Feuer Erde hervorbringt. Insofern ist es für die Bewohner der Schweiz und anderer Gebirgsgegenden sehr vorteilhaft, wenn sie große Steine auf die Dächer ihrer Häuser legen! Aber in einer Gebirgsgegend des Elements Feuer würde sich ein großes, schmales, turmförmiges Gebäude eher als der Umgebung dienstbar erweisen, als daß es aus ihr einen Nutzen zöge, auch wenn es mit der Landschaft harmoniert.

Auf den flachen Ebenen einer Umgebung des Erdtyps harmonieren Flachdachgebäude architektonisch mit ihrer Umgebung. Somit sind in den weiten Wüstengebieten Afrikas und Asiens die Flachdachhäuser aus Lehm angemessen. Hingegen sind spitze Dächer nicht so begünstigt, auch wenn sie insofern harmonisch sind, als die Feuerform die Erdform hervorbringt. Kuppelbauten sind hingegen im Vorteil, da Kuppeln das Element Metall darstellen und die Erde Metall hervorbringt. Eine Kuppel ist nicht gerade eine einfache Gebäudekonstruktion, und es ist wirklich bemerkenswert, daß in den trocken-heißen Wüstenebenen Kuppelbauten ein so typisches Merkmal sind. In der Mongolei leben Nomaden in komplizierten tragbaren Zelten, die nicht spitz und eckig sind wie die von Campern, sondern rund und mit einem schirmartigen Dach versehen sind, das als tragbare Konstruktion einer Kuppel so nahe wie möglich kommt.

Flachdachgebäude harmonieren mit den wellenförmigen Hügeln der Metall-Umgebung, aber sie geben mehr an ihre Umgebung ab, als sie erhalten. Bauten mit Kuppeln, Bögen und Ausbuchtungen spiegeln die Kurven der umgebenden Berge wider und sind dort also in einer günstigen Position; aber noch vorteilhafter wäre es, wenn die Gebäude von unregelmäßiger Form wären und somit das Element Wasser darstellten, welches das Metall unterstützt.

In eine Wasser-Umgebung passen gut unregelmäßige Gebäude, wie das Opernhaus in Sydney – ein faszinierendes Beispiel für ein Wasser-Gebäude in seiner angemessenen Umgebung. Ein Kuppelbau hätte der Allgemeinheit gedient, da Metall Wasser hervorbringt, aber die Gebäude, die Nutzen aus der Wasser-Umgebung ziehen, sind hoch und stellen das Element Holz dar. Menschen, die an Seen wohnen und ihre Häuser auf Pfählen im Wasser bauen, profitieren von einer Wasser-Umgebung, indem sie in Häusern des Elementes Holz leben.

Falls Sie vergessen haben, daß dieses Kapitel mit dem

Bezug zu einer Landungsbrücke am Meer begann, ist es nun an der Zeit, Ihre Erinnerung aufzufrischen und zu überlegen, wie die Kenntnis der Fünf Elemente auf diesen ungewöhnlichen Fall anzuwenden ist: Um den maximalen Nutzen aus dem Meeresstandort zu ziehen, mußte das Management der Pier-Anlage das Element Holz betonen, da dieses Nutzen aus dem Wasser zieht.

Eine Möglichkeit bestand zum Beispiel darin, daß man als einen Anziehungspunkt der Landungsbrücke einen Wintergarten oder zumindest ein Café voll üppiger Grünpflanzen einrichtete. Nach Feng-Shui-Begriffen bezieht das Holzelement Nahrung aus dem reichlich vorhandenen Wasserelement und hilft dabei, die überaktive Yin-Kraft zu reduzieren. Praktisch bedeutete diese, daß die elegante Umgebung einen vornehmeren Besuchertyp anzog, der eher bereit war, die teuren Delikatessen auf der Speisekarte des Cafés zu bestellen.

Die destruktive Ordnung

So wie es eine produktive Ordnung der Fünf Elemente gibt, existiert auch eine destruktive, in der zwei Elemente miteinander in Konflikt stehen und das eine das andere bezwingt.

Die destruktive Ordnung der Elemente folgt der gleichen, bereits genannten Reihenfolge, läßt aber jeweils ein Element aus. Während das Holz Feuer hervorbringt, dieses Erde, diese Metall und so weiter, zerstört andererseits Holz Erde, und Feuer zerstört Metall.

Die destruktive Reihenfolge kann man sich folgendermaßen einprägen:

Holz entzieht der Erde ihre Nährkraft.
Erde verschmutzt Wasser.
Wasser löscht Feuer.
Feuer schmilzt Metall.
Metall durchschneidet Holz.

So hat jedes Element eine andere Art, das nächste in der Reihenfolge anzugreifen oder zu zerstören.

Nehmen Sie zum Beispiel das Element Holz. Felder, die nie gedüngt werden, bringen irgendwann kein Getreide mehr hervor, da ihnen ihre Nahrung entzogen ist. So zerstört Holz durch Aufzehrung. Jeglicher Nutzen wird entzogen und nichts zurückgegeben. Oder vielleicht ist das Element Holz durch einen Menschen repräsentiert, der voll wilder kreativer Ideen steckt. Das Element Erde wird durch finanzielle oder technische Mittel dargestellt, die für die Umsetzung dieser Ideen verbraucht werden. Irgendwann sind diese Mittel aufgezehrt, und weitere Unterstützung bleibt aus. Hierdurch versiegt zwar der Born kreativer Ideen nicht, er wird andere Wege der Unterstützung finden, aber zwischenzeitlich ist die erste «Erde»-Quelle zerstört.

Holz entzieht der Erde ihre Nährkraft

Glücklicherweise kann das Element Erde jedoch aufgefrischt werden, indem man das Element Feuer in irgendeiner Gestalt einführt, etwa durch Veränderung der unmittelbaren Umgebung, vielleicht durch dreieckige Formen im Entwurf von Gebäuden oder Einrichtungsgegenständen – je nach Größenordnung –, vielleicht durch den phantasievollen Einsatz von überwiegend roten Farbzusammenstellungen oder vielleicht sogar durch die Einführung eines anderen Akteurs, dessen physische Merkmale oder psychisches Profil denen des Feuertyps entsprechen.

Feuer schmilzt Metall

Das Element Feuer verwandelt Metall, schmilzt es und läßt es seine Form verlieren. Während das Element Holz die Erde auszehrt, zerstört das Element Feuer Metall, so daß die Geldmittel verrinnen und es zu einem Kontrollverlust kommt. In der Familie herrscht keine Ordnung, Beziehungen lockern sich, Apathie macht sich breit und führt zu Unzufriedenheit und Ziellosigkeit. Im Geschäftsleben macht das Management Fehler, die Angestellen sind nicht motiviert und eine allgemeine Unzufriedenheit beeinträchtigt die Produktion.

Das Element Metall wird durch sein generierendes Element Erde gestärkt, das durch Stein- oder geflieste Böden sowie ocker- und erdfarbene Töne eingeführt werden kann. Betont werden flache Formen und horizontale Linien.

Erde verschmutzt Wasser

Das Element Erde trübt Wasser und macht es ungenießbar. Schmutziges Wasser kann man weder zum Trinken noch zum Reinigen gebrauchen. Es bedarf selbst der Reinigung. Betrachten wir beispielsweise einmal jemanden, der Arbeit sucht. Die Person mag fähig genug sein, um Großes zu erreichen, kann aber trotzdem keine Anstellung finden, weil ihr irgendein nachteiliges Etikett anhaftet. Vielleicht gab es in der Vergangenheit einen anstößigen Vorfall, der die Zukunftsaussichten dieses Menschen überschattet, oder vielleicht wurde aus Neid und Bösartigkeit ungerechtfertigt sein Ruf ruiniert. Was einem Menschen widerfährt, kann auch einem Betrieb oder sogar einer Nation zustoßen. Im letzteren Fall schlägt sich die Wirkung in internationalen Intrigen als Desinformation und Propaganda nieder. Solcherart sind die widrigen Wirkungen von Erde auf Wasser.

Das Element Wasser wird von Metall hervorgebracht. Das stimulierende Element Metall findet sich in metallenen Armaturen und Einrichtungsgegenständen, runden Formen, Bögen und der Farbe Weiß.

Metalläxte fällen Bäume und schneiden sie in Stücke; Meißel und Hobel bearbeiten so lange das Holz, bis es die gewünschte Form hat. Man mag das Endergebnis nützlich finden, der Baum tut es sicher nicht. Die Metall-Umgebung zerstört die alte Ordnung und ersetzt sie durch eigene Werte. Sie erobert durch Aggression und mißachtet größere Zusammenhänge. Die Situation «Metall besiegt Holz» findet man, wenn finanzielle Interessen (Metall) die Herrschaft über öffentliche oder karitative Einrichtungen (symbolisiert durch das fürsorgliche Element Holz) übernehmen. Über Jahre kann eine Organisation einen nützlichen Dienst an der Gemeinschaft erfüllen, vielleicht als öffentliche Sendeanstalt, als Krankenhaus, Bücherei oder eine schulische Einrichtung. Dann gewinnen Geschäftsinteressen die Oberhand, und im Sinne der «stromlinienförmigen Modernisierung», der «Rationalisierung» oder «Ausgabenrechtfertigung» wird durch Einschnitte und Neuorganisation von der ursprünglichen Struktur immer mehr weggenommen, bis nichts außer der leeren Hülle eines hübsch verpackten Unternehmens übrigbleibt.

Metall durchschneidet Holz

Das fürsorgliche Element Holz wird durch Wasser erneuert. Dies zeigt sich in dunkelblauen oder schwarzen Farbklecksen, dem Vorkommen von richtigem Wasser in Form von Springbrunnen, Becken oder in Innenräumen durch Getränkemaschinen oder Cocktailbars sowie durch unregelmäßige Muster, in denen Quadrate und Rechtecke nicht vorkommen.

Wasser löscht Feuer

Feuer kann durch Wasser gelöscht oder die Flammen können mit einer Decke erstickt werden. Im Englischen ist «eine nasse Decke» jemand, der mit wenigen abfälligen Bemerkungen die hellste Begeisterung abwürgen kann. Wenn jemand mit einer brillanten Idee kommt und Unterstützung für einen Plan sucht, der ungeheuren Nutzen verheißt, so kann man sicher sein, daß die «nasse Decke» – um bei dem Bild zu bleiben – kaltes Wasser auf den Plan gießt. Während das Element Feuer begierig brennt, ist das Element Wasser geneigt, Hoffnungen zu dämpfen. Das Element Wasser selbst ist nicht unbedingt ein Hindernis, aber es ist psychologisch kontraproduktiv: durch die Entschlossenheit, Fehler aufzuspüren, mit einem passiven Mangel an Interesse, dem Bedürfnis, die nackte Wirklichkeit praktischer Schwierigkeiten aufzudecken und der letztendlichen Befriedigung, wenn etwas schiefgeht. Feuer wird durch die Einführung des Elementes Holz gestärkt: außen durch Säulen und Holzverkleidungen und innen durch Parkettböden, Holzvertäfelungen, Trockenblumen und die Farbe Grün.

Die traditionelle chinesische Medizin und die Theorie der Fünf Elemente

Auf besonders konstruktive und nutzbringende Art läßt sich die Kenntnis des Feng-Shui praktisch dort anwenden, wo es eine Hilfsrolle bei der Verbesserung der Gesundheit spielt. Das Qi und die Fünf Elemente sind zentrale Begriffe in der Theorie der traditionellen chinesischen Medizin. In ihren vielen verschiedenen Bereichen lassen sich dieselben Prinzipien anwenden, von den bekannten Techniken der Akupunktur, Kräutermedizin und Tai-chi-Übung bis zu den weniger bekannten Bereichen der Moxibustion, Tuina-Massage und von Gebeten an die Krankheitsgeister. Im Westen hat man mittlerweile akzeptiert, daß man, auch wenn die Theorie der traditionellen chinesischen Medizin Welten von der konventionellen Medizin entfernt ist, immer noch vieles von dieser aus über zweitausendjährigen Studien und Beobachtungen entwickelten Fachrichtung lernen kann. Obwohl die westliche Medizin dank pharmazeutischer Entdeckungen umwälzende Fortschritte sowohl bei den Operationstechniken wie bei der Ausmerzung bakteriologischer Krankheiten gemacht hat, gibt es leider auch viele Bereiche, besonders neurologischer Art, wo sie weniger effektiv ist. Hingegen wurden oft erstaunliche Verbesserungen der komplementären Behandlung mit den Mitteln der traditionellen chinesischen Medizin zugeschrieben, nachdem die konventionelle westliche Medizin nicht mehr weiterhelfen konnte. Ein noch neuerer Ansatz ist die sich ausbreitende Erkenntnis, daß zwischen der traditionellen chinesischen Medizin und dem Feng-Shui (der Umgebung) Zusammenhänge bestehen, die zusätzlich bei der Gesundheitsvorsorge helfen.

Die folgenden Abschnitte sind nicht als Einführung in die traditionelle chinesische Medizin gedacht, sondern als Vorstellung der Grundprinzipien, die diese mit Feng-Shui-Situationen verbinden. Die traditionelle chinesische Medizin verfolgt einen ganzheitlichen Ansatz. Anstatt sich auf ein bestimmtes Symptom zu konzentrieren, faßt sie den ganzen Menschen in den Blick und versucht die Ursache der Krankheit ebenso herauszufinden wie die passende Behandlungsmethode. Hierin entspricht sie der Philosophie des Feng-Shui, welche die Menschen, Gegenstände und Ereignisse auf ihre Umgebung bezieht.

Wie der chinesische Arzt den Körper sieht

Für chinesische Ärzte gibt es vier Möglichkeiten, einen Patienten zu untersuchen: visuelle Untersuchung, Pulsmessen, Befragen des Patienten und Beobachtung seiner Reaktionen anhand von Klang und Geruch. Der Klang der Stimme, die emotionale Ausstrahlung und der Geruch des Patienten werden auf die Fünf Elemente bezogen und ermöglichen es dem Arzt einzuschätzen, welche Elemente – und entsprechend welche Körperbereiche – ausgeglichen werden müssen.

Fünf verschiedene Körperbereiche

Die Chinesen teilen die inneren Körperabläufe in fünf Hauptbereiche oder Systeme ein, die nach dem Hauptorgan in dem jeweiligen System benannt sind. Die fünf Bereiche sind Leber, Herz, Milz, Lunge und Niere. Jeder der fünf Bereiche beinhaltet ein untergeordnetes inneres Organ – zum Beispiel gehört die Gallenblase zum Leberbereich – und wird auf eines der Fünf Elemente bezogen. Im Fall der Leber und Gallenblase ist Holz das assoziierte Element.

Die Verbindung von zwei weiteren Bereichen zu ihren Elementen kann man sich leicht merken: Die Milz, die sich in der Körpermitte befindet, hat einen Bezug zum Element Erde und der Nierenbereich natürlich zum Element Wasser. Die verbleibenden zwei Elemente, Feuer und Metall, werden mit dem Herz- beziehungsweise Lungenbereich in Verbindung gebracht.

Die Fünf Elemente und ihre zugeordneten Bereiche sind:

Holz	Leber	Gallenblase
Feuer	Herz	Dünndarm
Erde	Milz	Magen
Metall	Lunge	Dickdarm
Wasser	Niere	Blase

Nun läßt sich zeigen, wie die verschiedenen, im Kapitel «Qi» dargestellten Qi-Typen auf den Körper einwirken. Da das Herz mit dem Element Feuer verbunden ist, beherrscht das Feuer-Qi den Blutkreislauf, das Wasser-Qi das Harnsystem, das Erde-Qi die Verdauung und den Weg der Nahrung durch den Körper, das Metall-Qi Lungen und Atmung. Das Holz-Qi wird, was überraschen mag, mit dem Verstand und den Gefühlen assoziiert.

Äußere Öffnungen

Die fünf Systeme beziehen sich auf fünf Öffnungen des Körperäußeren, und diese signalisieren Störungen oder Krankheit in ihrem zugeordneten System.

Der *Leberbereich* ist mit den Augen verbunden. Wenn das Lebersystem aus dem Gleichgewicht geraten ist und der Körper unter Gelbsucht leidet, wird dies durch eine gelbliche Verfärbung oder durch Wäßrigkeit der Augen angezeigt.

Der *Herzbereich* ist auf die Zunge und das Gesicht bezogen. Wenn die Herzfunktionen in Ordnung sind, so sind

Zunge und Gesicht von heller Färbung. Bei geschwächter Herzbereichsfunktion ist die Zunge blaß.

Störungen des *Milzbereichs*, zu dem der Magen gehört und der überwiegend mit dem Verdauungsapparat befaßt ist, zeigen sich durch den Mund. Wenn der Milzbereich keine Nährstoffe zu den verschiedenen Körperteilen transportieren und diese damit versorgen kann, äußert sich das in mangelndem Appetit und einem blassen oder weißlichen Schatten um die Lippen.

Ist der *Lungenbereich* nicht in Ordnung, erkennt man äußere Symptome an der Nase, die empfindlich wird und läuft.

Schließlich zeigen sich Probleme des *Nierenbereichs* an der Blasenöffnung. Die klassischen Texte der chinesischen Medizin fügen noch hinzu, daß die Ohren ebenfalls Störungen im Nierenbereich signalisieren können.

Die Fünf Gefühle

Die Technik der Stimulation schwacher Elemente kann man am besten illustrieren, wenn man die Beziehungen der Fünf Elemente um eine Stufe weiter ausdehnt und die fünf Gefühlstypen einbezieht.

Die Leber (Holz) gilt als Sitz des Zornes, das Herz (Feuer) beherbergt die Freude, die Milz (Erde) die Nachdenklichkeit, die Lunge (Metall) die Trauer und die Niere (Wasser) die Angst. Diese Emotionen spiegeln den Zustand der Organe wider; ein Überschwang der Gefühle kann diese schädigen.

Entsprechend können Anfälle von Wut und schlechter

Die Fünf Elemente in der Akupunktur

Akupunktur ist eine äußerst verfeinerte Entwicklung der Theorie der Fünf Elemente. Wegen der vielen offensichtlichen Parallelen zwischen der traditionellen chinesischen Medizin und Feng-Shui sind hier vielleicht einige Bemerkungen über die Theorie der Akupunktur von Interesse.

Die Körperorgane sind durch ein Netzwerk, die sogenannten «Meridiane», miteinander verbunden. Diese sind imaginäre Linien, welche die Akupunkturpunkte im Körper verbinden. Im Gegensatz zu Knochen, Blutgefäßen und den Nerven haben die Meridiane keine physiologische Gestalt, sondern ähneln eher den vorgestellten Linien, wie sie etwa Breitenkreise und Längengrade oder die Isobare auf Wetterkarten darstellen. Gemeinhin geht man – allerdings irrtümlich – davon aus, daß diese Meridiane auf der Hautoberfläche liegen. Tatsächlich befinden sie sich in unterschiedlicher Tiefe im Körper, weswegen gelernte Akupunkteure Nadeln unterschiedlicher Länge gebrauchen, um die verschiedenen Punkte stimulieren zu können.

Es gibt zwölf reguläre Meridiane, die nach den fünf Haupt- und den anderen zusätzlichen Körperorganen benannt und nach Yin oder Yang sowie Hand oder Fuß kategorisiert sind.

Holz:	Fuß	Yin-Leber	Yang-Gallenblase
Feuer:	Hand	Yin-Herz	Yang-Dünndarm
Erde:	Fuß	Yin-Milz	Yang-Magen
Metall:	Hand	Yin-Lunge	Yang-Dickdarm
Wasser:	Fuß	Yin-Niere	Yang-Blase
-	Hand	Yin-Herzbeutel	Yang-Dreifacher Erwärmer

Laune auf ein Ungleichgewicht im Leberbereich hinweisen. Läßt man sich zu Wutausbrüchen hinreißen, bringt man damit das Leber-Qi zu einem Amoklauf, was zu hochdruckbedingten Kopf- und anderen Schmerzen führt.

Unbegründete Heiterkeit und irrationales hysterisches Gelächter können Zeichen für Probleme im Herzbereich sein.

Konzentration und Versunkenheit in tiefe Gedanken werden mit der Milz in Verbindung gebracht. Wenn sich aber jemand zurückzieht und launisch wird, kann das auf Probleme im Milzbereich hindeuten. Umgekehrt kann es eine Schädigung der hierzu zählenden Organe nach sich ziehen, wenn Menschen sich absichtlich von anderen zurückziehen und sich schlechtgelaunt und in ständige Grübeleien versunken gehenlassen, anstatt ihre Gedanken und Gefühle mitzuteilen. Gleiches gilt für Menschen, die sich, aus welchen Gründen auch immer, über längere Zeit konzentrieren müssen. Gewöhnlich ist das Ergebnis eine Störung im Verdauungssystem.

Der Lungenbereich und seine dazugehörigen Organe – Nase und Bronchialwege – weisen Fehlfunktionen auf, wenn man zum Beispiel großen Kummer durch den Verlust eines nahen Angehörigen oder Freundes erleidet. Wer sich von seinem Schmerz überwältigen läßt und nicht auf die Gegenwart einlassen will, stört langfristig die regulären Funktionen der Organe des Lungenbereichs.

Schließlich werden die Organe des Nieren- oder Wasserbereichs durch Angst oder Schock in Mitleidenschaft gezogen, was für Extremfälle allgemein bekannt ist. Sieht man zu oft spätabends Horrorfilme, kann man unter Nachtschweiß und Bettnässen leiden.

Der Zusammenhang zwischen physiologischem und architektonischem Qi

Nachdem nun die Beziehungen zwischen den Körperorganen, den Fünf Elementen und verschiedenen Qi-Formen dargestellt sind, ist es möglich, die unterschiedlichen Qi-Typen zu beleuchten, die ein Gebäude durchdringen.

In einem früheren Kapitel wurden die verschiedenen Qi-Begriffe eingeführt. Atmosphärisches Qi bezog sich auf den Durchzug von frischer Luft durch ein Gebäude und das beleuchtende Qi auf die Versorgung mit Licht. Die Belüftung eines Gebäudes ist seine Atmung: Daher gehört das atmosphärische Qi zum Lungenbereich oder zum Metall-Qi.

Entsprechend ist das beleuchtende Qi mit der Ausleuchtung eines Gebäudes befaßt. In den menschlichen Körper dringt das Licht durch die Augen ein, welche die mit dem Leber- oder Holzbereich verbundene Öffnung darstellen. Der Weg des Lichtes durch ein Gebäude repräsentiert das Holz-Qi.

Das mobile Qi wurde mit fließendem Wasser oder Straßenverkehr verglichen. Wasser und feste Nahrung werden vom Körper durch zwei unterschiedliche Organtypen aufgenommen und auch ausgeschieden. Beides gelangt durch den Mund in den Körper, doch die Nahrung wandert über den Magen in den Milzbereich und das Wasser über das Harnsystem in den Nierenbereich. Nahrung produziert die Energie, die zur Bewegung benötigt wird, und gehört zum Element Erde. In einem Gebäude erleben die Menschen alle Funktionen, für die es gebaut wurde, ob es sich um eine Waren produzierende Fabrik oder das Schutz und Heimstatt bietende Wohnhaus einer Familie handelt. Die Bewegung der Menschen in einem Gebäude, dessen mobiles Qi, entspricht den Funktionen der Milzbereichs-Organe und gehört daher zum Element Erde.

Die Versorgung mit Wasser, seine Verwendung als Getränk, für kulinarische Zwecke und zur Säuberung erfordert Frisch- und Abwasserleitungen und erfüllt in dieser Hinsicht eine den Nierenbereichs-Organen parallele Funktion, die sich ebenfalls im Fließen des Wasser-Qi im Körper widerspiegelt.

Eindeutig haben der Herzbereich und sein entsprechendes Qi, das zum Element Feuer gehört, ihr Äquivalent im Heizsystem eines Gebäudes. Die Bewegung der Wärme durch ein Gebäude ist sein Feuer-Qi, ob nun zentral oder mit Kaminen und Öfen beheizt wird.

Wenn daher eine Krankheit aufgrund einer Elementeschwächung auftritt, sollte man folgende Fragen prüfen:

- Weist das Symptom auf einen Mangel oder ein Übermaß eines Elementes hin?
- Wenn ein Mangel vorliegt, welche Art von Qi muß dann gestärkt werden?
- Wenn ein Übermaß vorliegt, welche Art von Qi kann sich schwächend auswirken?

Der Ausgleich emotionaler Faktoren durch Feng-Shui

Durch eine sorgfältige Anwendung der Feng-Shui-Prinzipien kann der Gefühlszustand ausgeglichen werden. Depression, Mattigkeit, Selbstmitleid, Hysterie, Übellaunigkeit und Motivationslosigkeit sind Beispiele unausgeglichener emotionaler Faktoren, die durch einfache Anpassungen an die Umgebung verbessert werden könnten.

An gerechtem Zorn ist nichts auszusetzen. Wird der Zorn durch das Fehlverhalten anderer geschürt, kann er Menschen dazu bringen, Mißmanagement und Korruption ein Ende zu setzen. Wenn Menschen selbstgefällig und stillschweigend über Unregelmäßigkeiten hinwegsehen, mag es nötig sein, daß man sie aufrüttelt. Zorn muß aber gemäßigt werden, wenn er die Folge von Kleinlichkeit oder ein Symptom für ein inneres Ungleichgewicht ist, das irrationale Wutausbrüche verursacht.

Das Element Holz: Zorn

Das Element Holz hat einen Bezug zum Zorn; es wird durch Wasser genährt und von Feuer verbrannt. Das Element Holz wird durch gute Beleuchtung in ein Gleichgewicht gebracht und durch unangemessene oder unausgeglichene Beleuchtung sowie durch unregelmäßige Formen stimuliert. Grüne Farben und Pflanzen helfen, die Harmonie wiederherzustellen, während die Farbe Rot, die normalerweise als aggressive Farbe eingeschätzt wird, den Zorn in gute Laune und Selbstachtung verwandelt.

Das Element Feuer: Gelächter

Gute Laune ist immer angenehm, aber übertriebene Freundlichkeit und Jovialität können für andere eine Last werden. Ein komisch-unterhaltsamer Gast auf einer Party ist natürlich etwas anderes als jemand, der anderen seinen eigenen Sinn für Humor aufdrängt. Die gelegentliche Pause zum Entspannen hilft, das Leben im Gleichgewicht zu halten, aber man entrichtet physisch und finanziell einen hohen Tribut, wenn man sich in endlose Geselligkeiten begibt. Ein ausgeglichener Sinn für Vergnügungen zeigt sich in der wohldosierten Anwesenheit des Elementes

Feuer, das sich etwa durch rote Farbakzente im Dekor und eine überschaubare Anzahl dreieckiger Formen in der unmittelbaren Umgebung darstellt.

Wenn jemandem der Sinn für Humor fehlt, kann dieser durch das Element Holz angeregt werden. Dieses zeigt sich in Säulen, grünen Topfpflanzen und smaragdgrünen Farbflecken in der Möblierung. Sorgfältig sollte man auf die Beheizung achten: Ist die Temperatur gleichmäßig, oder bedarf es einer Regulierung? Übertriebene Vergnügungssucht kann durch Erdfarben, besonders Braun- und Beigetöne, beruhigt werden, ebenso durch Terrakotta-Gefäße und rechteckige Möbelformen.

Das Element Erde: Kontemplation

Jeder brütet hin und wieder über Problemen. Und oft gibt es bei der Arbeit und der Karriere lange Phasen, die intensive Konzentration erfordern. Aber wenn jemand über längere Zeiträume abgekapselt in seine eigenen Gedanken verstrickt ist und die geringfügigsten Angelegenheiten für ihn zu riesigen Problemen werden, gibt das Anlaß zur Sorge. Umgekehrt ist es ebenso ein Hinweis auf ein mögliches Ungleichgewicht des Milz- oder Erdebereichs, wenn die Menschen wichtige Angelegenheiten vernachlässigen, Briefe nicht beantworten, Schulden auflaufen lassen und die Gefühle alter Freunde mißachten.

Zu Hause oder am Arbeitsplatz ist das Äquivalent zum Erde-Qi die Mobilität. Das Erde-Qi eines Gebäudes ist dann im Gleichgewicht, wenn alle Bereiche leicht zugänglich sind, so daß man sich von einem Raum zum anderen bewegen kann, ohne gegen Möbel oder Einrichtungsgegenstände zu stoßen, und Schubladen und Schränke geöffnet werden können, ohne daß man andere Dinge aus dem Weg räumen muß.

Ist der Milzbereich geschwächt, verschwindet die Konzentration. Sie muß durch das Element Feuer in Form von auffälligen roten Farbtupfern in der Inneneinrichtung angeregt werden. Dreieckige Formen, Punkte und Winkel in der Möblierung helfen, die Energie des Milzbereichs oder das Erde-Qi zu stimulieren. Wenn der Milzbereich hyperaktiv ist und depressive Stimmungen die Folge sind, muß man das Element Metall betonen. Hierzu empfiehlt sich der Einsatz von Weiß und runden Formen bei der Möblierung und Dekoration.

Ist unser Element Metall ausgeglichen, können wir vernünftig mit Kummer und Verlust umgehen. Wir können auf vielfältige Art von unerwarteten und auch erwarteten Schicksalsschlägen tief getroffen werden. Unser Leben scheint sich plötzlich durch Unglück zum Bösen gewendet zu haben, etwa durch eine nicht bestandene Prüfung, den Diebstahl eines geliebten Besitzes, eine gescheiterte Liebesbeziehung, plötzliche Arbeitslosigkeit, den Beginn einer schwächenden Krankheit, die Zerstörung des eigenen Heims oder den traumatisierenden Tod eines guten Freundes oder engen Angehörigen. Wer nicht mehr als zwei oder drei solcher Schicksalsschläge erlebt, ist wahrlich ein glücklicher Mensch. Meistens sind wir aber in der Lage, damit fertigzuwerden und unser Leben neu aufzubauen, indem wir aus der Erfahrung lernen. Es gibt jedoch auch Zeiten, in denen der Schock so tief sitzt, daß man keine offenkundigen Symptome des Schmerzes zeigt und Schuldgefühle wegen der ausbleibenden emotionalen Erschütterung empfindet. Bezogen auf die Fünf Elemente läßt sich hierzu sagen, daß der Lungenbereich, der Sitz des Schmerzes, nicht vom Element Erde angeregt worden ist.

Das Element Metall: Kummer

Am anderen Ende des Spektrums befinden sich diejenigen, die überemotional sind und beim kleinsten Rückschlag in Tränen ausbrechen oder sich mit jammervollem Selbstmitleid quälen. In solchen Fällen ist das Element Metall zu stark und muß durch eine Verstärkung der mit dem Element Wasser verbundenen Merkmale gedämpft werden.

In einem Gebäude wird das Element Metall durch angemessene Belüftung ausgeglichen. Der ungehinderte Durchzug frischer Luft sorgt dafür, daß das Gebäude adäquat mit Metall- oder atmosphärischem Lungen-Qi erfüllt ist. Wenn das Element Metall schwach ist und der Stimulation bedarf, kann das Element Erde es nähren: durch Gelb- und Brauntöne, durch Stein- oder getöpferte Ornamente und durch rechteckige Möbel.

Das Element Wasser: Angst

Angst ist eine erhaltende Kraft. Ohne Angst befänden wir uns in ständiger Gefahr einer tödlichen Verletzung durch Fahrzeuge, Stürze aus Höhen, Feuer und möglicherweise sogar durch das Gesetz. So verwandeln wir in unserem Alltag die Angst in Vorsicht. Vorsicht, die durch Unbesonnenheit abgeschwächt wird, bringt Mut hervor. Ohne Menschen, die unbesonnen genug sind, ihre natürliche Vorsicht abzulegen, gäbe es keine Retter, Abenteurer oder auch Spieler.

Aber man muß zwischen Mut und Dummheit unterscheiden. Wer sein Leben riskiert, um andere zu retten, ist mutig; wer gefährlichen Tätigkeiten nachgeht, nur um die Aufmerksamkeit auf sich zu ziehen, ist einfach albern. Wenn Unbesonnenheit durch Vorsicht gezügelt wird, ist das Element Wasser ausgeglichen. Zu Hause oder bei der Arbeit äußert sich dieses in der Versorgung mit Wasser und seinem anschließenden Ablaufen. Man sollte auch die Feuchtigkeit im Auge behalten: In zentral beheizten Gebäuden sind unter Umständen zusätzliche Wasserbrunnen oder Befeuchter nötig. In Ländern mit hoher Luftfeuchtigkeit ist eine wirksame Klimaanlage erforderlich, die den Wassergehalt der Luft verringert. Im Körper beherrscht das Element Wasser die Organe des Nierenbereichs, zu denen das urogenitale System gehört. Ist dieses geschwächt und durch das Element Metall außer Kraft gesetzt, verliert der Mensch seine Vorsicht und läuft Gefahr, durch Rücksichtslosigkeit jemanden zu verletzen. Ist hingegen das Element des Nierenbereichs zu stark, wird der Mensch übervorsichtig, schüchtern, bescheiden und ängstlich, zur Zielscheibe des Spottes, oft gehänselt und wegen Untüchtigkeit schikaniert.

Wenn das Element Wasser des Nierenbereichs schwach ist und man sich wegen der Sicherheit eines Menschen Sorgen macht, betont man das Element Metall mit Hilfe der Farbe Weiß. Kreisförmige Fenster, runde Tische und Zierkugeln stellen das Element Metall dar und stimulieren den Wasserbereich. Alternativ kann man runde oder halbrunde Formen bei Kissen, Tischsets oder gerahmten Bildern betonen.

Überaktivität der Organe des Nierenbereichs führt zu Melancholie. In diesem Fall entzieht das Element Holz das überschüssige Element Wasser. Treibhauspflanzen, Trockenblumen, Holzverzierungen und Rohrmöbel binden überflüssiges Wasser aus der Umgebung an sich.

Ein Beispiel

Eine Dame erzählte mir, daß ihr Mann unter hohem Blutdruck litt. Ich sah mich in ihrem Haus um und entdeckte, daß die Eingangshalle und die Treppe in Rosatönen gehalten waren. Das Schlafzimmer war zwar sehr geschmackvoll eingerichtet, hatte aber eine rote Tapete, rote Vorhänge und rote Bettwäsche und Kissen. Zudem waren alle Kissen herzförmig, was die Rotwirkung noch unterstrich. Ich regte an, die Wirkung des übermäßig angeregten Elementes Feuer zu reduzieren. Bettdecken und Kissenbezüge sollten weniger auffällig getönt sein, vielleicht in Ocker- oder Senftönen, die das Element Erde repräsentierten.

Die Tochter der Dame litt unter Überängstlichkeit und nervösen Phobien. Da Angst mit dem Element Wasser in Zusammenhang steht, mußte dieser Faktor eingeschränkt werden. Das Zimmer des Mädchens war in blauen Farben gehalten und hatte einen blauen Teppich. Zur Abschwächung der Phobien konnte man Grüntöne, die das Element Holz darstellen, hineinbringen, während auch Trockenblumen als dekoratives Element dabei halfen, das Element Wasser zu reduzieren.

Die fünf Geschmackssinne

Die chinesischen Kräuterheilmittel werden nach Farbe und Geschmack klassifiziert, was sie wieder mit den Fünf Elementen in Verbindung bringt. Die Farben der Fünf Elemente wurden bereits genannt: Grünblau für Holz, Rot für Feuer, Gelb für Erde, Weiß für Metall und Schwarz für Wasser. Die Fünf Elemente sind ebenfalls nach Geschmacksrichtungen (und im weiteren Sinn nach Gerüchen) unterteilt.

Das auf den Frühling bezogene Element Holz äußert sich durch einen sauren Geschmack, da im Frühling die Früchte noch keine Süße erlangt haben.

Der mit dem Element Feuer in Verbindung gebrachte Geschmack hat mich lange verwirrt. Ich hatte Schärfe erwartet, weil in der englischen Sprache eine Speise sowohl dann, wenn sie gerade aus dem Herd kommt, als auch dann, wenn sie mit Chili-Pfeffer gewürzt ist, als «heiß» (hot) bezeichnet wird – ein Paradox, das einen chinesischen Freund sehr verwunderte. Nahrungsmittel wie Curries oder Chili gehören jedoch zum Element Metall, und hier kommt die deutsche Sprache, die solche gewürzten Speisen als «scharf» bezeichnet, der chinesischen näher.

Von den fünf Geschmacksrichtungen gehört Bitterkeit zum Element Feuer.

Das Element Erde, das man mit der Erntezeit verbindet, läßt an süße Herbstfrüchte denken.

Salziges erinnert an das Meer und gehört zum Element Wasser.

Wie wir aus dem generativen Zyklus der Fünf Elemente wissen, kann ein schwaches oder fehlendes Element wiederhergestellt werden, wenn man das Element betont, das es hervorbringt. Ist beispielsweise das Element Feuer schwach, kann es durch das Element Holz ergänzt werden, das ihm in der generativen Reihenfolge vorangeht. Die traditionelle chinesische Medizin geht von einem allgemeinen Prinzip aus: Wenn ein bestimmtes Symptom mit der Schwächung eines Organbereiches zusammenhängt, kann das geschwächte Element stimuliert werden, indem man durch Kräutermedizin oder andere Techniken das hervorbringende Element anregt.

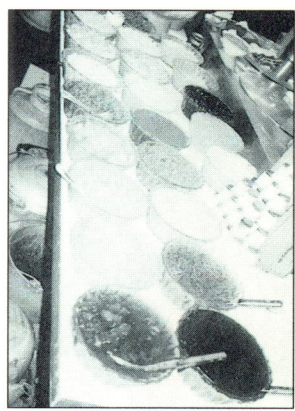

Die Fünf Geschmacksrichtungen sind : sauer (Holz), bitter (Feuer), süß (Erde), scharf (Metall) und salzig (Wasser).

Der Zusammenhang zwischen Geschmacksrichtungen und den Eigenschaften der Elemente

Aus diesem Grund wird in chinesischen Abhandlungen über Kräuter der Geschmack des jeweiligen Krautes beschrieben, da dieser dem Heilkundigen seine Elemente-Eigenschaft anzeigt. Die meisten Kräuter haben einen zusammengesetzten Geschmack und repräsentieren deshalb mehr als nur ein Element.

Einige einfache Beispiele genügen, um aufzuzeigen, wie die Theorie der Fünf Elemente praktisch angewandt wird. Lakritze etwa ist ein süßes Kraut, steht somit in Verbindung zum Element Erde, gehört zum Milz-Meridian und wird bei einem Mangel an Metall-Qi verordnet, der sich an den Organen des Lungenbereichs und der Nase äußert. Nelken sind pikant, gehören zum Element Metall und zum Lungen-Meridian und werden zur Dämpfung des Nierensystems (Wasser) verabreicht. Der Leberbereich (Holz-Element) ist durch saure Kräuter wie etwa die Pfingstrosenwurzel vertreten, die zur Anregung des Blutkreislaufs und zur Blutklärung eingesetzt wird, da eine schlechte Blutzusammensetzung in die Verantwortlichkeit der Organe des Herzens beziehungsweise der Feuerbereichs-Organe fällt. Grüne Orangenschalen werden zu einem ähnlichen Zweck benutzt, da viele Kräuter nach ihrer Farbe eingeteilt werden. So hat die weiße Angelikawurzel eine Affinität zur Milz beziehungsweise zu den Organen des Erdbereichs, während die rote Wurzel des Purpursalbeis mit den Organen des Herz- oder Feuerbereichs in Verbindung steht. Die meisten Kräuter erfüllen aber mehr als nur eine Aufgabe und werden entsprechend der umfassenden Patienten-Anamnese zusammen mit anderen Kräutern verabreicht.

Die Sieben Vorzeichen

Zu den faszinierendsten Aspekten des Feng-Shui gehört für mich die Technik der «Sieben Vorzeichen», mit deren Hilfe man die günstigen und weniger glückverheißenden Bereiche in einem Gebäude bestimmt. Die Leute sind oft erstaunt darüber, daß die Sieben Vorzeichen nicht nur auf günstige Bereiche hinweisen, die ungenutzt geblieben sind, sondern auch potentielle Gefahren mit geradezu unheimlicher Genauigkeit vorhergesagt haben. Wiederholt konnten Profis und Anfänger, denen nur das Wissen über die Richtung der Haupteingangstür zur Verfügung stand, gleichermaßen vorherbestimmen, wo zum Beispiel eine Familie ihre Familienfotos aufstellen, Unfälle erleben und sich am kreativsten entfalten würde.

In den bisherigen Kapiteln habe ich immer versucht, Feng-Shui so darzustellen, daß es die «westlich-rationale» Denkweise anspricht, auch wenn das Thema neu und mit der Fachsprache einer altöstlichen Philosophie belastet ist. Dennoch war es in der Regel möglich, die unterschiedlichen Prinzipien in den Begriffen des gesunden Menschenverstands, als Beispiele einer vernünftigen Psychologie oder auch als Ausdruck eines ästhetischen Gleichgewichts und der Harmonie zu erklären. Vielleicht sehen sogar ein paar Skeptiker mittlerweile widerstrebend ein, daß einige

八宅盤

Es scheint kein spezielles chinesisches Wort für die Sieben Vorzeichen zu geben. Die Chinesen bezeichnen sie in ihrer Gesamtheit als die *ba zhai pan*, wörtlich: «acht Hausscheiben». Diese «Hausscheiben» sind Zifferblätter, auf denen die acht möglichen Richtungen eines Hauses eingetragen sind. Gleichzeitig geben sie an, welche Kompaßpunkte für welche spezielle Orientierung günstig sind. Ich habe das Wort «Vorzeichen» eingeführt, da es die Bedeutung vermittelt, daß etwas darauf wartet, sich zu erfüllen, im Guten oder anders. Obwohl es acht «Hausscheiben» oder Muster gibt, beziehe ich mich auf «sieben» statt auf acht Vorzeichen, und zwar deshalb, weil man davon ausgeht, daß die der Tür gegenüberliegende Richtung keine «Vorzeichen»-Eigenschaften hat.

der bisher dargelegten Überlegungen und Beobachtungen vollkommen logisch sind. Daher muß ich um Verständnis bitten, wenn ich nun einen radikal anderen Weg einschlage. In diesem Kapitel will ich nicht versuchen, seinen Gegenstand in westlich-rationaler Begrifflichkeit zu erklären, denn eine solche gibt es nicht. Doch selbst wenn das Thema sich der Analyse verschließt, bedeutet dies nicht, daß es weniger wichtig oder wertvoll wäre.

Regeln, die sich aus jahrhundertealten Erfahrungen ableiten

Die einfachen, hier erläuterten Regeln wurden von den alten Weisen zusammengestellt. Über Jahre, vielleicht Jahrhunderte sammelten sie Erfahrungen, indem sie ihre Beobachtungen über Familien in ihren Behausungen und Händler in ihren Läden notierten. Sie versuchten nicht, ihre Beobachtungen zu rationalisieren, sondern schrieben einfach nieder, was sie entdeckten. Die sich abzeichnenden Entwicklungen benutzten sie später als Richtlinien, wenn sie Kunden berieten.

Erstaunlicherweise läßt sich das System der Sieben Vorzeichen kaum mit den gängigen Feng-Shui-Prinzipien in Verbindung bringen, wenn man einmal davon absieht, daß es acht Muster gibt, eines für jede der acht Orientierungen. Es scheint ein Seitenweg zu sein, der von der Entwicklung der Theorie der Fünf Elemente, des Qi, der Acht Trigramme, chinesischer Astrologie oder Numerologie unabhängig ist. Man könte einwenden, daß es ohne ein genaueres Verständnis der grundlegenden Feng-Shui-Prinzipien unmöglich wäre, die Besonderheit des Systems der Sieben Vorzeichen zu erkennen. Jedoch veranlassen mich die Individualität des Systems der Sieben Vorzeichen, seine leichte Verständlichkeit und mein besonderes Vertrauen in seine Wirksamkeit, dieses faszinierende Thema zu diesem frühen Zeitpunkt vorzustellen.

Auf den ersten Blick ist die Bestimmung der günstigen und weniger günstigen Standorte innerhalb eines Grundstücks eine einfache Angelegenheit. Zuerst findet man die der Tür gegenüberliegende Richtung heraus, zweitens wählt man das passende Muster aus den acht möglichen Orientierungen aus, und drittens legt man das Muster als Schablone über die Zimmergruppierung. So kann man bestimmen, welche Zimmer oder Bereiche am ehesten beleben, welche anregen, welche Bereiche wie am besten genutzt und welche gemieden werden sollten. In der Praxis sind diese grundlegenden Schritte allerdings selten so einfach; daher folgt eine eingehende Erklärung dieser rudimentären Richtlinien.

Grundprinzipien

Ausschließlicher Bezug zu Innenräumen

Der erste wichtige Punkt besagt, daß die Sieben Vorzeichen nur in einem von Wänden umschlossenen Raum zur Geltung kommen. Auf offenem Feld oder auf Baustellen ist es unmöglich, die Sieben Vorzeichen festzustellen. Alles hängt von der Position der Tür und des Eingangs ab.

Dennoch kann man nach der Wahl eines Grundstücks bereits im Planungsstadium Hinweise darauf geben, wo die Haupttür liegen sollte, damit man den größten Nutzen hat. Dies wird dann besonders wichtig, wenn das Gebäude aufgrund von durch das Grundstück auferlegten Einschränkungen eine ungewöhnliche Form erhalten soll. Geographische Erwägungen wie etwa ein Abhang spielen ebenso eine Rolle wie der Anschluß an das Straßen- und das öffentliche Versorgungsnetz der Wasser-, Gas-, Strom- und Abflußsysteme. Von großem Vorteil ist es, wenn man den Haupteingang so legen kann, daß die am häufigsten benutzten Gebäudeteile in günstigen Bereichen liegen, während die ungünstigen Bereiche Lagerräumen zugewiesen oder sogar völlig aus dem Gebäude ausgeschlossen werden können.

Bestimmung des Eingangs

Sehr wenige Gebäude haben nur einen Eingang. Um die Lage der Sieben Vorzeichen zu bestimmen, geht man davon aus, daß der Eingang des Gebäudes derjenige ist, der auch wie der Eingang aussieht, also keine Hintertür, kein Seitentor oder irgendeine andere Eingangs- und Ausgangsmöglichkeit, die nur aus Gründen der Gewohnheit oder Bequemlichkeit benutzt wird.

Wie schon gesagt, stellt der Haupteingang das Gesicht

des Gebäudes dar. Wie wir im Gesicht eines Menschen seine Stimmungen, seine Persönlichkeit und seine Absichten ablesen, so enthüllt der Haupteingang den Zweck, die Bestimmung und inneren Eigenschaften eines Gebäudes. Im Sinne des Feng-Shui ist der «Eingang» die Tür, auf die ein Fremder instinktiv zugehen würde, wenn er das erste Mal zu Besuch kommt. Die Chinesen nennen ihn den «Türmund», weitere Ausgänge können Augen, Nase, Ohren und andere Öffnungen darstellen; auf sie brauchen wir an dieser Stelle nicht näher einzugehen.

Mit «Orientierung» ist die Himmelsrichtung gemeint, die dem Haupteingang gegenüberliegt, die Richtung, in die jemand blickt, der mit dem Rücken zum Haupteingang steht und hinausschaut. Die Methode der Sieben Vorzeichen kennt acht Richtungen, die vier Kardinalpunkte Norden, Osten, Süden und Westen und die vier «Eck»-Positionen Nordosten, Südosten, Südwesten und Nordwesten.

Die Orientierung

Die Richtung läßt sich auf drei Arten ermitteln: mit Hilfe eines gewöhnlichen magnetischen Kompasses, einer Landvermessungskarte oder der Sonne. Die Methoden und die Irrtümer, die bei jeder der drei Methoden möglich sind, werden später noch besprochen.

Da die korrekte Ausrichtung äußerst wichtig ist, sollte man nach Ausarbeitung der Richtung diese durch eine alternative Methode überprüfen, am besten gleich mit allen drei Methoden. Leicht geht man von falschen Annahmen aus, wenn die Richtung nicht präzise bekannt ist. Magnetische Kompasse zeigen selten den tatsächlichen Norden an, Karten sind unter Umständen nicht genau genug, und die Sonne geht im Jahr nur wenige Wochen lang im Osten auf.

Die Lage innerhalb großer Gebäudekomplexe

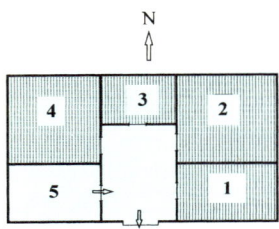

Immer wieder kommt die Frage nach der Orientierung von Wohnungen oder Büros innerhalb größerer Blocks mit gemeinsamem Eingang auf.

Hier sind zwei Punkte zu beachten.

Erstens: Bei der Vorbereitung des Orientierungsmusters für eine Wohnung in einem größeren Komplex gilt als «Eingang» die private Wohnungstür, nicht die äußere, von allen benutzte Eingangstür. Um beispielsweise zu Wohnung Nr. 5, Ocean Villas, zu gelangen, muß man zuerst durch den nach Süden weisenden Haupteingang in den Komplex Ocean Villas hineingehen. Diese Haupteingangstür führt in einen Flur, von dem aus eine Reihe von Türen zu verschiedenen Wohnungen abgeht; der Eingang zu Wohnung Nr. 5 ist links. Der Eingang zu Wohnung Nr. 5 liegt also gen Osten, und von dieser Richtung muß man ausgehen, wenn man die Lage der Sieben Vorzeichen für Wohnung Nr. 5 berechnet.

Gibt es einen Haupteingang (in einem Wohnungsblock) und einen Privateingang, kann man feststellen, welche Bereiche in dem Block die günstigsten sind. Dies ist für denjenigen vorteilhaft, der in einem Wohnblock eine Wohnung mieten oder kaufen will und die freie Auswahl hat. Leicht läßt sich ermitteln, welche Wohnungen in den besten Bereichen liegen, und von diesen noch diejenige, deren Orientierung das größte Potential bietet. Das erkennt man nicht immer auf den ersten Blick. Beispielsweise kann eine Wohnung die herrlichsten Aussichten und die größten Räume bieten. Aber sie kann unentdeckte Probleme aufweisen: Lärm, Störungen, bauliche Fehler, die erst dann zutage treten, wenn es zu spät ist. Die Sieben Vorzeichen vermögen vielleicht die Art der Gefahren nicht genau zu bestimmen, doch sie können warnend vorhersagen, mit welcher Wahrscheinlichkeit Probleme auftreten werden.

Diese Bemerkungen beziehen sich nicht nur auf Wohnungen, sondern auch auf Büro- und Geschäftsräume. Viele kleinere Unternehmen halten es für praktisch, Arbeitsräume in einer Büro- oder Geschäftsgemeinschaft anzumieten. Ein Friseursalon vermietet Arbeitsraum an freiberufliche Friseure weiter, eine Werkstatt stellt ihre Inspektionsgruben zur Verfügung, oder ein Büro vermietet ungenutzte Arbeitsfläche an Einzelunternehmer. In diesen Fällen, wo der jeweilige Arbeitsplatz ohne individuell verschließbare Tür tatsächlich Teil eines größeren Komplexes ist, sollte sich die Lage der Sieben Vorzeichen nach der des Hauptgebäudes richten. Denken Sie daran: Die Sieben Vorzeichen gelten nur dort, wo es Wände und verschlossene Türen gibt, die den speziellen Raum von seiner Umgebung trennen.

Im nebenstehenden Beispiel hat der Kunde einen Teil in einem größeren Bürobereich gemietet. (Der vom Kunden gemietete Raum befindet sich in der oberen linken Ecke der Abbildung.) Auch wenn der «private» Eingang (gekennzeichnet durch den nach unten weisenden Pfeil) nach Süden zeigt, ist die Richtung gegenüber dem Hauptgebäude Osten. Da der Büroraum nicht abgeschlossen ist, wird die östliche Richtung als die für das gemietete Büro gültige angesehen.

Anmietung eines Arbeitsbereichs in einem größeren Komplex

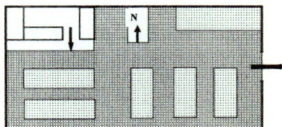

Festlegung der Sieben Vorzeichen

Das Spektrum der Sieben Vorzeichen erstreckt sich von der schöpferischen und lebenspendenden Qi-Quelle bis zum sehr bedrohlichen «Lebensende». Chinesische Bücher stufen sie entsprechend ihrer Eigenschaft als Glücks- oder Unglücksbringer ein. In den folgenden Diagrammen weisen die Symbole auf die Lage der verschiedenen Vorzeichen für jede der acht möglichen Orientierungen hin.

Hier die vollständige Liste mit Symbolen und dem Hinweis auf die Günstigkeit:

🕯	Quelle des Qi	Stark glückverheißend
✿	Langlebigkeit	Stark glückverheißend
☯	Himmlische Monade	Glück
	(Der Eingang	Eher günstig)
✂	Sechs Flüche	Ungünstig
❖	Unfälle und Mißgeschick	Ungünstig
◗	Fünf Geister	Sehr ungünstig
⧗	Lebensende	Sehr ungünstig

Die Aussichten auf Glück oder Unglück hängen zum Teil von der Orientierung ab und zu einem gewissen Grad davon, ob die Menschen, die in diesem Abschnitt leben oder arbeiten, mit dem Feng-Shui des Standortes übereinstimmen. Was für den einen ein sehr günstiges Potential bedeutet, kann für einen anderen ungünstig sein. Andererseits kann ein Standort, der als bedrohlich gekennzeichnet ist, einem Menschen mit starkem Feng-Shui-Potential in dieser Position nichts anhaben.

Zunächst aber befassen wir uns nur damit, die potentiellen Eigenschaften der unterschiedlichen Lagen innerhalb eines Gebäudes herauszufinden, die allgemein und nicht auf bestimmte Menschen bezogen gelten. Auch wenden wir uns hier den verschiedenen Tätigkeiten zu, die in diesen Bereichen beeinflußt werden könnten.

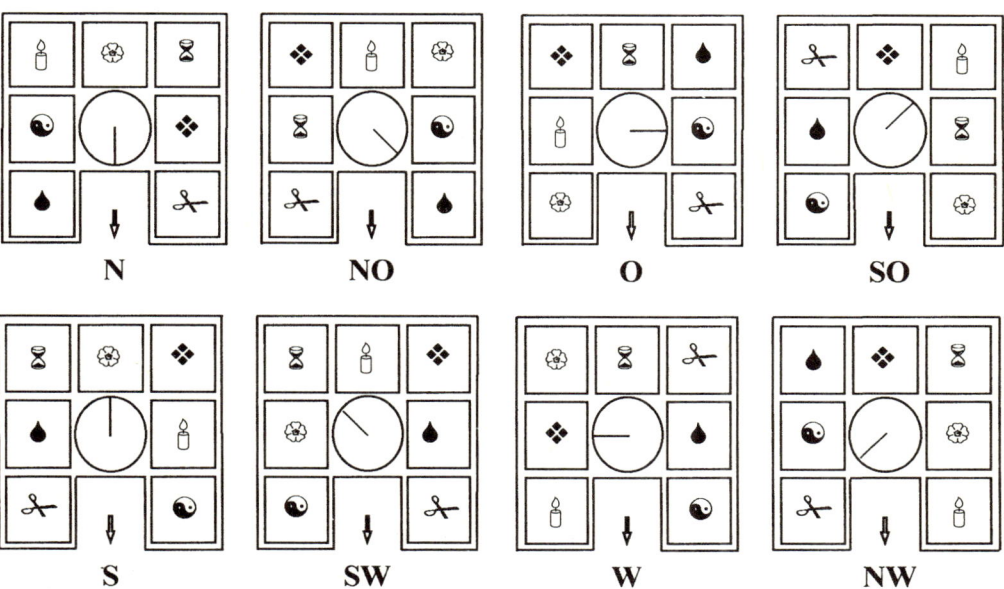

Wenn man die Orientierung des Grundstücks ermittelt hat, wendet man sich den Tafeln der Acht Hausscheiben zu und wählt die der Orientierung entsprechende aus.

Jedes Diagramm weist entsprechend der Orientierung des Gebäudes die Verteilung der Sieben Vorzeichen und die Position von Norden auf, auf die durch die Kompaßnadel und den Buchstaben *n* in den Diagrammen hingewiesen wird.

Praktische Anwendung der Hausscheibe

In einem angenommenen «Standard»-Gebäude, also einem mit Eingang im Zentrum, quadratischem Grundriß und Innenhof, liegen die Abschnitte der Sieben Vorzeichen so, wie in den Diagrammen dargestellt. Der Bereich in Eingangsnähe (oder in einem oberen Stockwerk der Bereich über dem Eingang) gilt als eher günstig. Der zentrale Gebäudeteil wird als weder ungünstig noch günstig betrachtet, da im traditionellen chinesischen Haus der Bereich in der Mitte ein zum Himmel offener Hof wäre.

Nehmen wir beispielsweise an, daß der Haupteingang eines Gebäudes gen Südwesten liegt. Wenn wir uns die Südwest-Hausscheibe (Nr. 6) ansehen, erkennen wir, daß das Zimmer links von der Tür mit ☯, Himmlische Monade, gekennzeichnet ist, also einen günstigen Bereich beschreibt. Ebenso günstig ist das Zimmer hinten im Haus, das der Tür gegenüberliegt und von dem Vorzeichen ☌, Quelle des Qi, beeinflußt wird. Aber die gesamte rechte Gebäudeseite (vom Betreten des Hauses aus gesehen) hat ungünstige Vorzeichen. (Beachten Sie, daß sich die Lage der Vorzeichen auch auf die entsprechenden Räume in allen anderen Stockwerken darüber bezieht.)

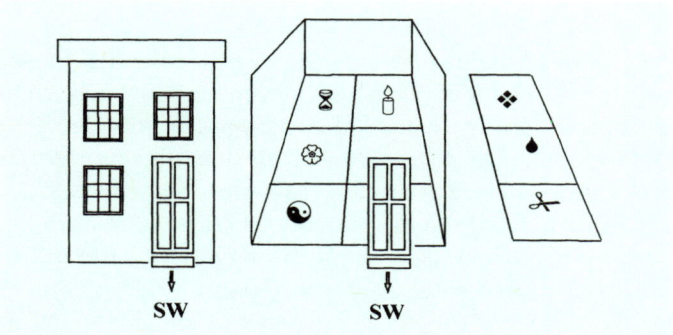

Wenn jedoch der Eingang des Gebäudes zwar zentral, aber an der rechten Seite der Hausfront läge, dann wären alle schlechten Vorzeichen, die rechts von der Tür liegen, abgetrennt. Offensichtlich ist es also für die gen Südwesten liegenden Gebäude vorteilhaft, den Eingang rechts zu haben. Sehr wenige Gebäude haben einen gleichmäßigen quadratischen Grundriß, von denen die Acht Hausscheiben ausgehen. Am Ende dieses Kapitels werden die häufigsten Probleme angesprochen, aber zuerst wollen wir die Sieben Vorzeichen selbst genauer betrachten: Worauf weisen sie hin, wie kann man sich ihre Vorteile nutzbar machen, und welche Lösungen gibt es bei erwarteten Schwierigkeiten?

Die Wesensarten der Sieben Vorzeichen

Sowohl der Eingangsbereich als auch der Bereich in der Mitte des Gebäudes bleiben von den Sieben Vorzeichen unberührt. Alte Texte und Tabellen identifizieren den dem Eingang nächstgelegenen Bereich als den mit «geringfügigem Glück», also eher günstig. Man muß jedoch verschiedene andere Faktoren in Betracht ziehen, wenn man einen Eingang betrachtet. Gewisse Richtungen werden traditionell als überlegen eingeschätzt, zu denen als offensichtlichste die südliche Richtung gehört. Der Osten, den man mit Sonnenaufgang und Frühling verbindet, wird als lebenspendend und schöpferisch angesehen, so daß diese beiden Richtungen sowie der Südosten als günstig betrachtet werden. Der Westen, den man mit Herbst und Sonnenuntergang in Verbindung bringt, ist ruhig und friedlich, und aus alten Texten erfahren wir, daß der westliche Flügel eines Hauses den älteren Mitgliedern einer Familie gewidmet war.

In noch älteren Schriften wird der Nordosten auch das «Tor der Geister» genannt, was manchmal reißerisch mit Teufelstür übersetzt wird. Das klassische Buch der Weissagungen, das *Buch der Wandlungen (Zhou Yi* oder *I Ging)* warnt ebenfalls vor dem Nordosten als einer ungünstigen Richtung. Somit überrascht es nicht, wenn die Chinesen eine Abneigung gegenüber nach Nordosten gelegenen Häusern hegen. Es heißt auch, daß der Südwesten die Hintertür des Teufels, also ebenfalls zu vermeiden sei, wenngleich das *Zhou Yi* den Südwesten als günstig einstuft.

Nach meiner persönlichen Ansicht ist die Frage, ob ein

Gebäude nach Süden, Westen oder Südwesten gelegen ist, weniger wichtig als Faktoren wie Standort, Landschaft oder Umgebung.

Da chinesische Häuser um einen Hof oder einen zentralen Brunnen herumgebaut wurden und die Sieben Vorzeichen nur von Mauern umschlossene Gebiete betreffen, kam dem mittleren Teil eines Gebäudes keine besondere Bedeutung zu. Dieser war normalerweise ein geschlossener, zum Himmel offener Hof und somit außerhalb der irdischen Einflußsphäre der Sieben Vorzeichen. Transzendente Einflüsse sind hingegen himmlischer Art und kommen von oben.

Der Bereich in der Mitte (eher günstig)

Im alten China wurde dieser Bereich zum Anbau von medizinischen und kulinarischen Kräutern, Blumen und anderen Pflanzen in Töpfen genutzt. Und da die Richtung, aus der das Sonnenlicht einfiel, ständig wechselte, wurden die Töpfe entsprechend bewegt, damit man den größtmöglichen Nutzen aus den Sonnenstrahlen zog. Deshalb nannten die Chinesen ihre Topfpflanzen «wandernde Pflanzen» oder *ben-zao*, woher die Japaner die Idee der Miniaturgärten hatten, die sie in Anlehnung an das Chinesische als «bonsai» bezeichneten.

Wie wir im Kapitel «Qi» in dem Abschnitt über das beleuchtende Qi entdeckt haben, ist es im Fall eines fensterlosen Innenbereichs in einem Gebäude wichtig, ausreichend Licht von oben zu bekommen, am besten durch ein offenes Atrium in der Mitte oder ein Dachfenster, das Himmelseinflüsse hereinläßt. Spiegel und geschliffene Kristalle helfen manchmal, das Qi in diesem Bereich anzuregen. Ohne natürliches Licht könnte man in dem Bereich in der Mitte keine lebenden Pflanzen halten, allerdings wären Terracotta-Töpfe mit getrockneten oder Seidenblumen durchaus mit dem allgemeinen Prinzip vereinbar. Schnittblumen sollte man meiden.

Die Quelle des Qi (sehr günstig)

Dies ist der Bereich in einem Gebäude, der am stärksten intellektuell stimuliert und daher in einem Privathaus der ideale Ort für ein Büro oder Arbeitszimmer ist. In gewerblichen Gebäuden wäre er die beste Lage für Projektentwicklung, Designstudios oder irgendwelche Prozesse, die kreative Aktivitäten erfordern.

Einmal besuchte ich eine Dame, die in einem schön möblierten Haus in einem vornehmen Londoner Stadtteil wohnte. Sie war bereits seit mehreren Jahren verwitwet, aber auch nach einer so langen Zeit noch nicht in der Lage, sich mit ihrem einsamen Leben abzufinden. Sie erkannte durchaus, daß sie längst ihre Gefühle des Schmerzes und Verlustes hätte überwunden haben sollen. So hatte sie, um sich selbst von der Vergangenheit zu befreien, das Arbeitszimmer ihres verstorbenen Mannes abgeschlossen in der Hoffnung, sich von den Erinnerungen an frühere Zeiten unabhängiger zu machen.

Als ich die Orientierung des Hauses und die Lage der Sieben Vorzeichen untersuchte, stellte ich sofort fest, daß das Arbeitszimmer des Mannes in der Quelle des Qi lag. Indem sie die Tür des Arbeitszimmers verschlossen hatte, hatte sie also den Generator des vitalen Qi in dem Haus eingesperrt. Anstatt den Raum zuzuschließen, um die Erinnerungen fernzuhalten, so riet ich ihr, sollte sie das Gegenteil tun: das Arbeitszimmer öffnen, die Vorhänge zurückziehen und den Raum so oft wie möglich benutzen.

Ein paar Tage später rief sie an und erzählte, sie habe meinen Rat befolgt; sie fühle sich vollkommen erneuert und freue sich darauf, voller Zuversicht ihr Leben neu aufzubauen.

Die Qi-Quelle wird als extrem günstig betrachtet, abgesehen von dem einzigen Fall, wo das Gebäude eine südöstliche Orientierung hat. Dann nämlich ist die Qi-Quelle im Norden, was wohl ihre schöpferischen Kräfte schwächt. Künstlern und Menschen, die mit Nordlicht arbeiten müssen, sei geraten, eine günstigere Ausrichtung für ihren Haupteingang zu wählen, wenn sie die inspirierenden Eigenschaften der Qi-Quelle in ihrer größten Entfaltung nutzen wollen. Sehen Sie bei den Hausscheiben für den Südosten und Westen nach besseren Orientierungen.

Die Chinesen messen der Langlebigkeit große Bedeutung bei und schätzen daher dieses Vorzeichen sehr. Auch wenn «Langlebigkeit» zumindest theoretisch ein äußerst günstiges Vorzeichen ist, dürfte es kein so mächtiger Wohltäter sein wie die Qi-Quelle oder die Himmlische Monade. Seine Macht liegt darin begründet, daß es der angemessenste Standort für ein Schlafzimmer ist, wo die Menschen mindestens ein Drittel ihres Lebens verbringen. Folglich unterliegen die Menschen seinem wohltuenden Einfluß über einen viel größeren Zeitraum als sonstwo im Haus, weswegen vermutlich sein Glücksaspekt sehr viel offensichtlicher ist. Dieser Bereich wird am besten für Schlafzimmer oder Empfangsräume genutzt – überall in einem Gebäude, wo Leute viel Zeit an einem Platz verbringen. In Büros und Fabriken lassen sich seine wohltuenden Seiten dort nutzen, wo eine Arbeit die Gesundheit der Mitarbeiter beeinträchtigen kann, die über längere Zeiträume dort bleiben müssen. Gesundheitsrisiken, die sich beispielsweise durch die Arbeit mit toxischen Chemikalien ergeben, könnten da-

Langlebigkeit (stark glückverheißend)

durch reduziert werden, daß man den Arbeitsplatz in den «Langlebigkeits»-Bereich legt.

Himmlische Monade (Glück)

Dies ist einer der geheimnisvollsten günstigen Bereiche. Die Himmlische Monade ist der Name eines Sterns, der früher dem Nordpol am nächsten lag, aber im Laufe der Jahrhunderte durch die allmähliche Verschiebung der relativen Sternpositionen mehrfach seinen Standort gewechselt hat. Sein Einfluß ist günstig, und da man festgestellt hat, daß er eine heilende Wirkung auf Kranke hat, wird er auch der «Himmlische Heiler» genannt.

Der Bereich, in dem sich die Himmlische Monade – oder der Himmlische Heiler – befindet, wäre der ideale Ort für ein Kinder- oder Altenschlafzimmer, einen Therapieraum oder ein Arztsprechzimmer. In einer Fabrik oder einem großen Konzerngebäude könnte man hier das Krankenrevier oder den Erste-Hilfe-Raum einrichten, um für eine schnelle Erholung der Patienten zu sorgen.

Sechs Flüche (ungünstig)

Dieser Bereich stellt zwar einen ungünstigen Standort dar, jedoch schreibt man ihm nur die Entstehung kleinerer Probleme zu, die man unter Kontrolle bringen kann. Der Bereich «Sechs Flüche» oder «Sechster Fluch» bezieht sich auf Probleme, die eine Kettenwirkung nach sich ziehen. Eine einfache Aufgabe wie das Aufhängen eines Bildes entwickelt sich zu einem größeren Unterfangen: Der Nagel wird krumm; beim Versuch, ihn aus der Wand zu ziehen, bleibt ein riesiges Loch zurück. Man versucht, die Wand mit Gips zu reparieren, und nasser Gips fällt einem auf das beste Kleidungsstück … Wir alle kennen diese Art des sich selbst erzeugenden Unglücks.

Feng-Shui handelt von Harmonie und davon, wie man

alles an seinem Platz in Ordnung bringt. Wenn der Bereich der Sechs Flüche für Aufgaben reserviert ist, die man nur ungern in Angriff nimmt, dann halten sich die Probleme in Grenzen. Dieser Bereich könnte zum Beispiel einem Allzweckraum für Hausarbeiten vorbehalten sein, die zwar lästig, aber unumgänglich sind. Zu Hause könnte man darin waschen und bügeln, im Büro die Ablage und Steuererklärungen erledigen. Wenn die unangenehmen Pflichten des Lebens im Bereich der Sechs Flüche untergebracht werden, können die positiven Bereiche sogar noch nutzbringender sein.

Der Bereich der Sechs Flüche befindet sich immer an der Vorder- oder Rückseite eines Gebäudes, nie an den Seiten.

In den alten Texten wird der Bereich «Unfälle und Mißgeschick» als ungünstig dargestellt, wenn auch nicht in extremer Weise. Meiner Erfahrung nach aber haben sich an Orten, die ich als Unfallbereich identifiziert hatte, tatsächlich äußerst gefährliche, ja lebensbedrohliche Unfälle ereignet: Bei einem bösen Unfall fiel einem Mann eine Glasscheibe auf den Arm und durchtrennte eine Sehne, wodurch er seiner Arbeit als Designer nicht mehr nachgehen konnte. Bei einem anderen führte der Sturz von einer Leiter zu einem Krankenhausaufenthalt, und bei einem weiteren Vorfall hatte sich Wachs unter Sonneneinstrahlung selbst entzündet und zu einem katastrophalen Brand geführt.

Vielleicht wiesen die alten Weisen dem Vorzeichen «Unfälle und Mißgeschick» nur eine untergeordnete Bedeutung zu, weil es – wie in den genannten Beispielen – trotz körperlicher Verletzung und kostspieliger Sachbeschädigung keinen Todesfall gab. Die tödliche Gefahr kann abgewendet und Leben gerettet werden.

Unfälle und Mißgeschick (ungünstig)

Im Fall der Sechs Flüche kann es ein günstiges Zeichen sein, wenn sich ein unfallbedingter Sachschaden im Unfallbereich ereignet. Eine Dame mochte meinen Rat nicht befolgen, für ihre Küche statt des von ihr gewünschten weichen Teppichs einen Steinboden zu wählen. Sie sei von Natur aus ungeschickt, so ihre Erklärung, und lasse ständig Geschirr zu Boden fallen. Wenn der Boden aus Stein sei, gehe alles zu Bruch, aber mit einem Teppich bestehe die Chance, daß es heil bleibe. Die Küche war jedoch der Unfallbereich des Hauses. Folglich war es nicht schlimm, wenn hin und wieder Teller zerbrachen: Das war bei weitem einem Arm- oder Beinbruch der Dame vorzuziehen.

In Central London besichtigte ich ein bezauberndes Haus, das einer zurückgezogen lebenden Modeautorin gehörte. Das Haus war entzückend, ich konnte keine ernsten Fehler erkennen und war daher nicht überrascht zu erfahren, daß die Dame seit ungefähr 20 Jahren glücklich in dem Haus lebte. Erst im Untergeschoß, das sie selten aufsuchte, entdeckte ich im Unfallbereich einen Balken unter der Decke, von dem verschiedene scharfe und schwere Werkzeuge an Magneten herabhingen. Wenn sich also je ein Unfall ereignen sollte, dann hier.

Auf meinen Reisen habe ich viele Häuser in Gebirgsregionen besichtigt und bin dabei erstaunlich häufig auf Fälle gestoßen, wo es in dem Bereich, den die Sieben Vorzeichen als Unfallbereich auswiesen, einen über einen steilen Abhang ragenden Balkon gab. Das waren ganz offensichtlich nicht die Stellen, an denen man spät nachts feucht-fröhliche Partys feiern sollte. Auch sollte man die Balkone in diesen unfallträchtigen Regionen sorgfältig warten, um sicherzustellen, daß die tragende Konstruktion immer frei von Rost und Verfall bleibt. Befinden sich auf den Balkonen Pflanzen, muß der Boden frei von Moos gehalten werden, da er sonst bei Feuchtigkeit rutschig wird.

Oft kann man die wahrscheinliche Ursache eines Unfalls anhand der Fünf Elemente ersehen. Wenn man beispielsweise erkannt hat, daß eine drohende Unfallgefahr von Holz ausgeht, so wäre die wahrscheinliche Quelle Ersticken, indem man sich in Kleidern oder Vorhängen verstrickt. Oder alternativ: Liegen der Eßraum oder die Küche im Unfallbereich, so geht die Gefahr von verdorbenem Essen und anschließender Vergiftung und Krankheit aus.

Die Gefahren sind offensichtlich, wenn Feuer das dominierende Element im Unfallbereich ist.

Das Element Erde im Unfallbereich weist darauf hin, daß man bei der Arbeit auf Leitern vorsichtig sein muß, da die potentiellen Gefahren in diesem Fall von Stürzen herrühren – nicht gerade der passendste Ort für einen Balkon.

Herrscht Metall im Unfallbereich vor, sollte man Werkstätten mit gefährlichen Werkzeugen und Maschinen hier meiden. Wenn Wasser das dominante Element ist, wäre dieses die potentielle Quelle von Gefahr – kein passender Ort für einen Bade- oder Duschraum. Der Bereich Unfälle und Mißgeschick findet sich immer in der Mitte oder im hinteren Teil eines Gebäudes, nie an der Vorderseite.

Der Standort der Fünf Geister (manchmal als Fünf Teufel übersetzt) wird von den alten Gelehrten als die ungünstigste aller Positionen dargestellt. Meiner Erfahrung nach aber ist dies unzutreffend. Ich glaube eher, daß die Chinesen diesen besonderen Ort deshalb fürchten, weil sie weit-

Die Bedeutung der Elemente und Vorzeichen für mögliche Gefahrenursachen

Fünf Geister (sehr ungünstig)

aus mehr Angst vor Geistwesen als vor tödlichen Gefahren haben. Als ich chinesischen Hausbesitzern darlegte, ein bestimmter Bereich sei der Standort der Fünf Geister, erschauerten sie erschrocken, während sie bei einem anderen Bereich ganz philosophisch hinnahmen, daß dies der Bereich Lebensende sei. Westliche Menschen reagieren umgekehrt: Sie sind beunruhigt darüber, daß ein bestimmter Standort vom Vorzeichen des Lebensendes beherrscht ist, aber mehr fasziniert als beunruhigt, wenn sie möglicherweise in dem Bereich Fünf Geister arbeiten oder schlafen müssen. Wie auch in unserer Sprache kann das Wort «Geist» im Chinesischen entweder einfach den Geist der Verstorbenen bezeichnen oder den eines nichtmenschlichen Wesens, das hinter einem Grabstein hervor und auf einen zuspringt, wenn man zufällig mitten in der Nacht einen Spaziergang über einen Friedhof macht. Ich glaube, die angemessene Deutung des Begriffs ist die erstgenannte; die Fünf Geister sind die Geister der Vorfahren oder früherer Bewohner des Gebäudes, die aufgehört haben, körperlich zu existieren. Viele Menschen haben mir übrigens bestätigt, daß sie in den Bereichen der Fünf Geister eine – nicht düstere – Präsenz wahrgenommen oder intuitiv gefühlt haben, daß dort ein «Korridor» zwischen der irdischen und der Geisterwelt sei.

Am ehesten nähert man sich dem Fünf-Geister-Bereich, indem man dessen Funktion als Tor zwischen den zwei Welten hervorhebt und Familienfotos von den seit langem Verstorbenen bis zu den jüngsten Mitgliedern auf einem Tisch oder an der Wand anbringt. So werden die Geister der Vorfahren nicht vergessen und sind einbezogen, um die Familie in schwierigen Zeiten zu schützen. Menschen mit religiösen Überzeugungen können ein Symbol ihres

Glaubens an einer solchen Stelle aufstellen, etwa eine Kerze, ein Kreuz oder Heiligenbild, um ihre persönliche Verbindung mit ihrem Glauben zu unterstreichen.

Der Standort der Fünf Geister kann an den Ecken oder Seiten des Hauses sein, nie aber hinten gegenüber der Tür. Dies ist insofern merkwürdig, als gemäß traditioneller Folklore Geister und Gespenster auf der Lauer liegen und in ein Haus durch die Hintertür eindringen.

Der Bereich Lebensende (wörtlich: «durchtrenntes Schicksal») wird von altersher als nicht so bedrohlich wie die Fünf Geister angesehen, aber meiner Erfahrung nach ist er beträchtlich unheilvoller. Ich schätze ihn als den Bereich ein, der am konsequentesten gemieden werden sollte. Zwei Beispiele sollen meinen Standpunkt veranschaulichen.

**Lebensende
(sehr ungünstig)**

Eine Dame hatte mich um meine Meinung zu einem Anbau gebeten, mit dem sie ihr Haus erweitern wollte. Es handelte sich um ein freistehendes Haus in einer Straße von ähnlichen Häusern. Sie hatte ihr Geschäft gerade so umstrukturiert, daß sie von daheim aus arbeiten konnte, und beabsichtigte, die südwestliche Ecke (a) auszubauen, um darin ein Büro unterzubringen. Ich riet ihr davon ab, da der Bereich (a) Lebensende repräsentierte. So wie das Haus stand, war Lebensende bisher ausgeschlossen gewesen. Das Erschließen dieses Bereiches aber würde die bösen Einflüsse, die mit dem Abschnitt Lebensende verbunden sind, in das Haus hineinbringen. Hingegen lag im südöstlichen Bereich (b) die schöpferische Qi-Quelle, die bislang ebenfalls ausgeschlossen war. Ein Anbau in diesem Abschnitt brächte daher günstige Einflüsse ins Haus und würde dessen positive Eigenschaften erhöhen.

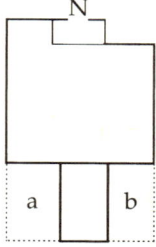

Die Dame sah mich gedankenvoll an und wollte wissen, ob ich auch den Nachbarn, die das gleiche Haus zur selben Richtung hatten, den gleichen Rat erteilen würde. Als ich erklärte, das treffe genauso auf das Nachbarhaus zu, führte sie mich in ihren Garten und zeigte mir den Wintergarten, den die Nachbarn in dem Lebensende-Bereich gebaut hatten. «Sechs Wochen, nachdem der Wintergarten gebaut war», sagte sie, «starb seine Frau.»

Bei einem anderen Beispiel wurde ich von einer Familie um Rat gebeten, die in ein neu gebautes Haus zog und wissen wollte, wie sie die Möbel aufstellen sollte. Es war ein herrliches Haus mit atemberaubender Aussicht über einen See vom Wohnzimmer aus und großartiger Waldlandschaft, die man vom Schlafzimmer aus sehen konnte. Die Haupttür war nach Süden ausgerichtet – was von einigen als die günstigste Richtung für einen Eingang angesehen wird. Doch lagen der wichtigste Aufenthaltsraum sowie das Schlafzimmer darüber im Lebensende-Bereich. Ich war darüber ziemlich unglücklich und regte an, daß der große Aufenthaltsraum nur für die gelegentliche Bewirtung von Gästen genutzt und die Familie für ihren alltäglichen Gebrauch das zweite Wohnzimmer benutzen sollte, in dem die Positionen Himmlische Monade und Qi-Quelle lagen.

Dies war durchaus praktikabel, doch war das Problem des Schlafzimmers schwieriger zu lösen, und ich machte einige Vorschläge, wie man die ungünstigen Einflüsse vermeiden könnte. Als wir später über allgemeine Dinge sprachen, wurde mir deutlich, wie genau die Acht Hausscheiben sein können. Das Haus war erst wenige Jahre alt, und die neuen Eigentümer hatten es zu einem Spottpreis erstanden. Der Vorbesitzer, der das Haus selbst erbaut hatte, wollte sich von ihm und seinen Erinnerungen befreien. Auch seine Frau war kurz nach dem Einzug gestorben.

Ein historisches Beispiel

Einen äußerst interessanten Besuch stattete ich einer «Wohnung» im Norden Englands an der schottischen Grenze ab. Man hatte mir zuvor nur mitgeteilt, die Familie besitze zwei Wohnungen, eine in London und die, zu der ich unterwegs war.

Das Pendeln zwischen den beiden Orten sei zeitaufwendig und ermüdend, und man habe beschlossen, sich dauerhaft an einem der beiden Orte niederzulassen. Die Frage war nur, an welchem.

Zu meinem Erstaunen erwies sich die «Wohnung» im Norden als eine Zimmerflucht in einer alten Burg, die komplett mit verfallenen Türmen, Spukzimmer, Verliesen, Kapelle, Bankettsaal, Burggräben und Pförtnerhaus versehen und mit Zinnen bewehrt war. Die Burg hatte zudem eine wichtige historische Bedeutung, denn hier war Maria Stuart, die schottische Königin, vor ihrer Hinrichtung festgehalten worden. Nachdem ich mich von meinem ersten Schrecken erholt hatte, stellte ich fasziniert fest, daß die Anordnung in der Burg genau mit dem Muster der Sieben Vorzeichen übereinstimmte.

Die Skizze der Burg zeigt, daß die Wohnung in einer nicht nur für die Bewohner, sondern auch an sich günstigen Position – Langlebigkeit – liegt, da es sich hier um einen der wenigen verbleibenden Bereiche handelt, die noch bewohnbar sind. Der düstere Turm liegt in der Position Le-

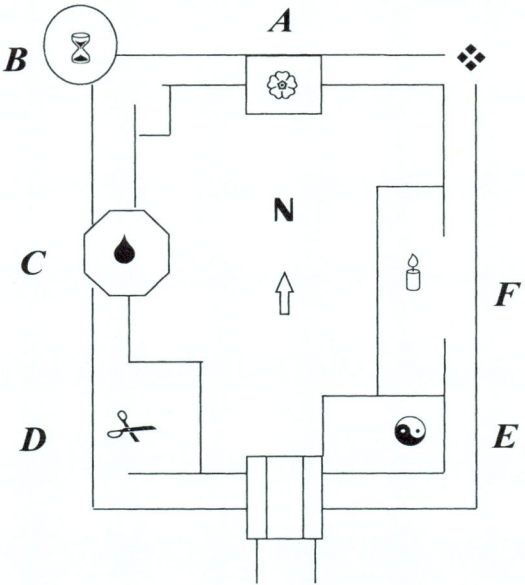

bensende, die Verliese im Bereich Sechs Flüche, während ein winziges Zimmer, bekannt als das Zimmer der Maria Stuart und von dem es heißt, darin spuke es, im Bereich Fünf Geister liegt. Der Bankettsaal ist hingegen günstig in der Position der Himmlischen Monade gelegen und die Kapelle passenderweise in der lebenspendenden Qi-Quelle.

Migration der Vorzeichen

Unter den Acht Hausscheiben belegt irgendwann jedes der Sieben Vorzeichen die acht Kompaßpunkte. Folgt man zum Beispiel der Position der Qi-Quelle, findet man sie

- im Norden, wenn die Orientierung gen Südosten ist,
- im Nordosten, wenn die Orientierung gen Südwesten ist,
- im Osten, wenn die Orientierung gen Süden ist,
- im Südosten, wenn die Orientierung gen Norden ist,
- im Süden, wenn die Orientierung gen Osten ist,
- im Südwesten, wenn die Orientierung gen Nordosten ist,
- im Westen, wenn die Orientierung gen Nordwesten ist,
- im Nordwesten, wenn die Orientierung gen Westen ist.

Wenn wir also die Acht Hausscheiben betrachten, erscheint die Qi-Quelle in allen Positionen immer bezogen auf den Haupteingang: Im Osten bei einer gen Süden liegenden Tür, im Norden bei einer südöstlich liegenden Tür und so weiter.

Doch gilt dies nicht für alle Vorzeichen. Auch wenn alle Sieben Vorzeichen unter den Acht Hausscheiben irgendwann an jeder Kompaßposition gefunden werden können, besetzen sie nicht – wie etwa die Qi-Quelle – alle auf den Haupteingang bezogenen verfügbaren Positionen. Man sollte nicht vergessen, daß zum Beispiel die Himmlische Monade niemals im hinteren Bereich des Gebäudes auftaucht, während weder Lebensende noch Unglücksfälle und Mißgeschick je an der Vorderseite eines Gebäudes, aber immer an den Seiten oder hinten sein können. Ande-

rerseits erscheint das Vorzeichen Sechs Flüche nur vorn
oder hinten in einem Gebäude, nie an den Seiten.

Unregelmäßige Grundrisse

Manchmal erschwert ein unregelmäßiger Grundriß oder
eine ungünstig positionierte Tür das Auffinden der Sieben
Vorzeichen. Hier sind einige typische Beispiele, die oft für
den Unerfahrenen verwirrend sind.

1. Als erstes gilt es bei der Lokalisierung der Vorzeichen-
   Positionen im Auge zu behalten, daß sich der Eingang
   immer an einer Seite eines Quadrats in der Mitte befindet und daß dieses Quadrat in neun kleinere Quadrate
   unterteilt ist.

 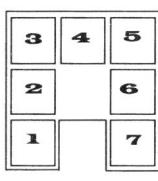

Auch muß man bedenken, daß das kleine Quadrat an
der Tür und das in der Mitte keine Vorzeichen-Eigen-
schaften besitzen, so daß es nicht von Bedeutung ist, ob
das Haus einen oder mehrere über den Eingang hinaus-
reichende Flügel hat.

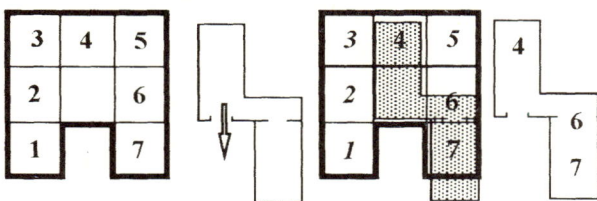

2. Gleiches gilt für einen extrem unregelmäßigen Grundriß. Legen Sie den Grundriß über ein großes Quadrat;
   positionieren Sie den Haupteingang, und verteilen Sie
   von dort aus die Sieben Vorzeichen.

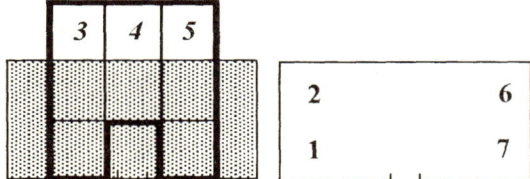

3. Gebäude, deren Tür an einer Seite liegt, verlieren die zu
   der Seite gehörigen Vorzeichen. Ebenso verliert eine nur
   über die Breitseiten verteilte Zimmeranordnung die Vorzeichen der Hinterseite.

4. Doch entsprechen nur wenige Gebäude dem neunfach
   quadratischen Schema, und anstelle von drei Räumen auf
   jeder Seite mag es zwei, vier oder mehr geben. Unwahrscheinlich ist auch, daß die Räume gleich groß sind. Dann
   sind die Vorzeichen in manchen Zimmern auf einer Seite
   bedeutsamer als auf der anderen, oder sie verändern sich
   sogar innerhalb des Zimmers von der einen Seite zur anderen. Vielleicht befinden sich die Bereiche Lebensende
   und Langlebigkeit im selben Raum. Das erleichtert natürlich die Entscheidung über den Standort des Bettes.

Die Lage der Vorzeichen darf nicht als mathematisch genau angesehen werden; Wände können die Einflußbereiche verzerren. Die folgenden Diagramme geben einen Hinweis darauf, wie die Vorzeichen in der Praxis verteilt sein können. Das erste Beispiel zeigt einen Grundriß mit vier gleich großen Räumen, das zweite einen mit sechs Räumen unterschiedlicher Größe.

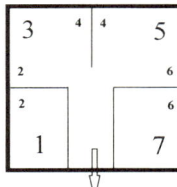
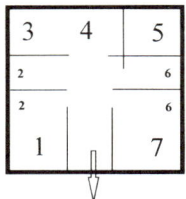

Wie man günstige Vorzeichen wieder einführt

Sind wegen der Form eines Grundrisses gute Bereiche aus dem Gebäude ausgeschlossen, kann man die günstigen Vorzeichen wieder hineinbringen, indem man große Spiegel an die Wände hängt.

Hierdurch entsteht der Eindruck, daß es hinter dem Spiegel einen anderen Raum gebe, der sich in einer positiveren Lage befindet. Es gibt jedoch verschiedene Fälle, in denen ein Spiegel nicht empfehlenswert ist. Zum Beispiel kann hinter einer gegenüber dem Bett gelegenen Wand eine bedrohliche Position sein. An dieser Wand einen Spiegel anzubringen wäre für den Schlafenden schlecht. Eine alternative Lösung wäre ein Bild, das einen Blick auf weite Landschaften freigibt und so den Eindruck einer friedvollen und angenehmen Szenerie in der Ferne vermittelt.

Folglich ist es keine gute Idee, Spiegel an Wänden anzu-

bringen, die die weniger günstigen Vorzeichen ausschlie-
ßen. Statt dessen würden – sollte an dieser Stelle an der
Wand Dekoration erforderlich sein – Bilder von Gebäuden
oder architektonische Zeichnungen die Barriere zwischen
dem Raum und der ungünstigen Lage dahinter noch betonen. Diesen Faktor muß man bei der Planung von Korrido-
ren und Fluren in den inneren Gebäudebereichen bedenken. Da der Bereich in der Mitte kein eigenes Vorzeichen
hat, könnten Spiegel, architektonische Drucke und Land-
schaftsbilder so angebracht werden, daß sie die günstigen
Vorzeichen einladen und die weniger günstigen ausschlie-
ßen. Das folgende Beispiel zeigt, wie man einen Flur in der
Mitte eines Gebäudes ausstatten könnte, das gen Südwesten liegt.

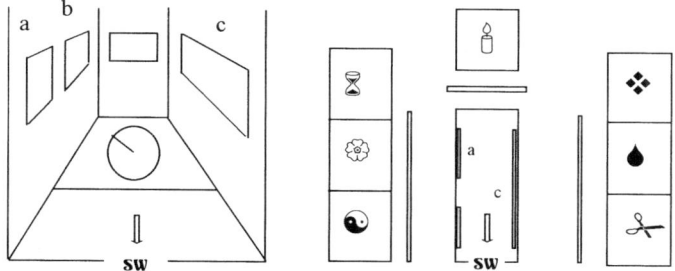

Das Diagramm zeigt bei einer südwestlichen Orientierung, daß die günstigen Seiten linker Hand des Eintretenden und die ungünstigen Bereiche zu seiner Rechten liegen. Wenn man daher Bilder für den Flur in der Mitte
wählt, sollte man links bei den Punkten (a) und (b) Bilder
von Landschaften und weiten Ausblicken wählen. Rechts

sind alle ungünstigen Vorzeichen versammelt; an dieser
Wand wird daher ein großer gerahmter architektonischer
Druck aufgehängt, der bei (c) die Solidität der Wand ver-
stärkt.

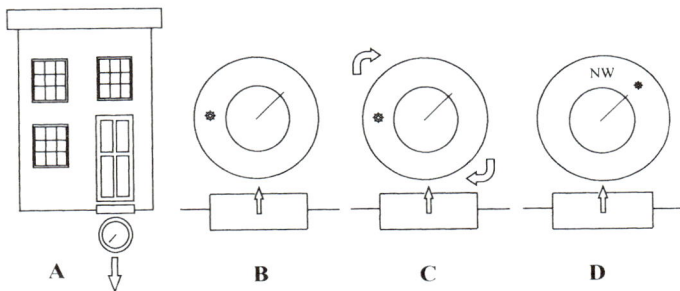

Hinweise zum Feststellen der Orientierung

Die Benutzung eines magnetischen Kompasses

A Um die Orientierung des Standorts zu ermitteln, stellen
  Sie sich mit dem Rücken zum Haupteingang draußen
  vor das Gebäude und sehen hinaus. Achten Sie darauf,
  daß Sie nicht in der Nähe irgendwelcher Gegenstände
  aus Eisen oder elektrischer Kabel sind, die die Kompaßanzeige beeinträchtigen können.
B Halten Sie den Kompaß still, bis die Nadel zu vibrieren
  aufhört. Kontrollieren Sie, ob sie den magnetischen Norden und nicht irgendeine künstliche elektromagnetische
  Quelle anzeigt, indem Sie langsam umhergehen und

darauf achten, ob die Nadel weiterhin in dieselbe Richtung weist.

C Drehen Sie langsam den Kompaß, ohne die Nadelrichtung zu stören, bis das N auf dem Kompaßzifferblatt und der rote Punkt der Nadel eine Linie bilden.

D Achten Sie auf den Ihnen gegenüberliegenden Kompaßpunkt. Er ist Ihre gesuchte Orientierung.

Das Problem bei der Benutzung eines magnetischen Kompasses liegt darin, daß er den «magnetischen» Norden und nicht den wirklichen Norden anzeigt. Dieser weicht nicht nur vom wirklichen Norden ab, sondern befindet sich in einer ständig wechselnden Lage. Um daher mit Hilfe des Kompasses die präzise Richtung des wirklichen Nordens zu finden, müssen Navigatoren spezielle Tabellen haben, die ihnen die mögliche Schwankung zwischen magnetischem und wirklichem Norden in den verschiedenen Erdteilen anzeigen. Meistens ist die Schwankung nicht so groß, daß sie ein Problem darstellt. Wenn Sie aber feststellen, daß Ihre Kompaßanzeige auf einer Trennungslinie liegt, ist eine Überprüfung mit Hilfe einer anderen Methode angebracht.

Die Benutzung von Karten und Plänen

Wenn Sie sich anhand einer Karte oder eines Diagramms orientieren, gehen Sie sicherheitshalber immer von zwei landschaftlichen Merkmalen aus. Die beiden Häuser bei A und B ähneln sich, und von beiden läßt sich die Kirche C aus demselben Winkel von ihren jeweiligen Wohnzimmerfenstern aus sehen. Die Lage der Bahngleisabzweigung bei

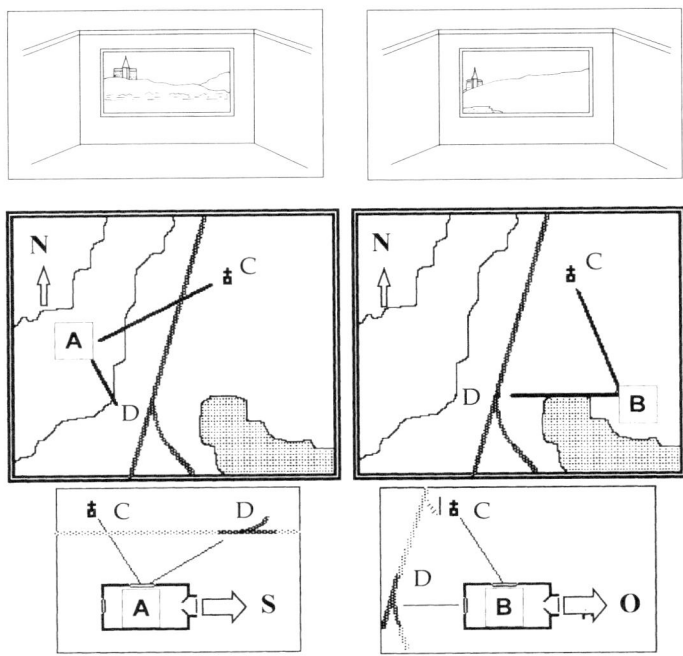

D zeigt, daß die Häuser verschiedene Seiten derselben Kirche sehen müssen.

Vielleicht hat man ein Landvermessungsdiagramm oder architektonische Pläne, die die nördliche Richtung vermerken, vielleicht aber auch nicht. Gute Straßenkarten zeigen Himmelsrichtung und den Verlauf von Straßen, von denen aus die dem Haupteingang gegenüberliegende Richtung ermittelt werden kann. Auf dem Lande kann man sich auf auffällige Merkmale geographischer oder architektonischer Art beziehen, die auf der Karte verzeichnet sind und eine Orientierung ermöglichen.

Das Hauptproblem liegt darin, eine Karte von ausreichend großem Maßstab zu haben; was wie eine gerade von Norden nach Süden verlaufende Straße aussieht, mag in Wirklichkeit ein oder zwei Kurven haben, die die Orientierung angrenzender Gebäude um einige Grade verändern kann. Die Hauptregel lautet, daß man im Zweifelsfall nachprüft.

A

Ermitteln der Himmelsrichtung mit Hilfe der Sonne

A Nördlich des Äquators steht die Sonne mittags im Süden, so daß der Uhrenturm (A) gen Norden steht.

B

B Im Frühling und Herbst geht die Sonne im Westen unter und wirft Schatten gen Osten. Der Uhrenturm (B) ist nördlich ausgerichtet.

C Im Frühling und Herbst geht die Sonne im Osten auf und wirft Schatten gen Westen. Der Uhrenturm (C) ist südwestlich ausgerichtet.

D Im Hochsommer bewegt sich der Sonnenaufgang gen Nordosten, wodurch der Schatten in die dem Uhrenturm gegenüberliegende südwestliche Richtung fällt.

C

Der richtige Norden läßt sich annähernd oder mit großer Genauigkeit durch die Feststellung der Sonnenposition zu bestimmten Zeiten ermitteln. Die grobe Richtlinie lautet, daß die Sonne im Osten auf-, im Westen untergeht und mittags im Süden steht, aber diese Regel muß man mit Vorsicht behandeln. Südlich wie nördlich des Äquators geht die Sonne im Osten auf und im Westen unter. Je weiter man sich vom Äquator entfernt, desto größer ist leider die Dis-

D

krepanz zwischen Winter und Sommer. In gemäßigten Zonen ist der Sonnenaufgang nur zur Tagundnachtgleiche, am 21. März und 21. September, im Osten, und zwar ungefähr um 6 Uhr Ortszeit. Zum Winter hin findet der Sonnenaufgang immer später statt, und der Punkt, an dem die Sonne aufgeht, verschiebt sich immer weiter gen Süden. Am kürzesten Tag liegt er im südöstlichen Abschnitt des Kompasses. Wenn dann die Tage länger werden, bewegt sich der Sonnenaufgangspunkt immer weiter nördlich, bis er am längsten Tag im nordöstlichen Abschnitt liegt. Es lohnt sich, darüber nachzudenken, daß das großartige kalendarische Monument in Stonehenge nicht nord-südlich ausgerichtet ist, wie man vielleicht erwarten würde, sondern entlang der Diagonale von Nordosten nach Südwesten, so daß der Sonnenaufgang zur Sommersonnenwende über dem Altarstein beobachtet werden konnte.

Aus demselben Grund sollten Sie Annahmen im Stil von «Wir haben die Morgensonne im Wohnzimmer, also muß die Tür östlich ausgerichtet sein» meiden. Vielleicht trifft das zu. Vielleicht aber ist sie nach Süd- oder Nordosten gelegen. Der Unterschied ist für die korrekte Interpretation der Sieben Vorzeichen wesentlich. Kurz gesagt, kann man in gemäßigten Breiten sicher davon ausgehen, daß – unter Berücksichtigung von Sommer- oder Winterzeitverschiebungen – die Sonne um 12 Uhr Ortszeit im Süden steht (in der südlichen Hemisphäre im Norden). Wenn in den Tropen die Sonne um 6 Uhr morgens Ortszeit aufgeht, steht sie mehr oder weniger im Osten; wenn sie um 6 Uhr abends untergeht, im Westen. Eine halbstündige Schwankung vor oder nach diesen Zeitpunkten ist noch genau genug, um die Orientierung der Sieben Vorzeichen zu ermitteln.

Feng-Shui im Geschäftsbereich

Die Anwendung von Feng-Shui-Kenntnissen

Im Westen bezieht sich das Interesse an Feng-Shui hauptsächlich auf Angelegenheiten im familiären Heim, die Stabilisierung persönlicher Beziehungen und die Stärkung körperlicher und geistiger Gesundheit. Im Fernen Osten hingegen spielen die kommerziellen Anwendungen von Feng-Shui eine weit bedeutendere Rolle.

Die folgenden Abschnitte untersuchen, wie Feng-Shui-Wissen bei der Organisation eines Geschäfts sowohl aus praktischer Sicht wie auf einer mehr esoterischen Ebene helfen kann.

Betrachten wir zum Beispiel die fünf Arten des Qi. Sind sie auch für eine Geschäftsumgebung relevant? Die Antwort lautet entschieden *ja*. Beleuchtendes Qi ist auch auf die Arbeitsumgebung anwendbar, wo zur angemessenen Auslage der Ware, zum Wohlbefinden des Kunden sowie als Sicherheitsfaktor entsprechende Beleuchtung erforderlich ist. Wärmendes Qi erfordert, daß die Temperatur für eine spezielle Aufgabe stimmt: Frische Waren müssen kühl gehalten werden, doch darf die Atmosphäre nicht so kalt sein, daß die Kunden vertrieben werden und die Angestellten sich unwohl fühlen. Mobiles Qi erfordert einen ausreichenden Spielraum für Bewegung zwischen Standorten und leichtem Zu- beziehungsweise Ausgang. Ohne Beachtung des atmosphärischen Qi würde die Umgebung stickig und klaustrophobisch. Damit das flüssige Qi ausgeglichen ist, muß die Umgebung angemessen mit Dienstleistungen wie Wasser, Gas und Strom versorgt sein.

Dies alles entspricht dem gesunden Menschenverstand. Dennoch ist es erstaunlich, wie diese wirklich grundsätzlichen Erfordernisse übersehen werden können. Überprüfen Sie daher in der ersten Analyse die fünf Arten des Qi. Wenn diese harmonisch sind, ist das Endergebnis erfreulicher als die Summe der Einzelteile.

Die Unterteilung in fünf Arten von Qi führt uns zu den Fünf Elementen selbst. Es ist wichtig, die Funktion des Geschäfts in Betracht zu ziehen und sie zu einem der Fünf Elemente in Beziehung zu setzen. Dies hilft in frühen Planungsstadien, passende Motiv- und Farbschemata einzuführen, die das auf das Geschäft bezogene Element verstärken.

Die Fünf Elemente im Geschäftsbereich

Holz

Das Element Holz wird beispielsweise mit Wachstum, Vegetation und Pflegeberufen verbunden. Deshalb benutzen Gemüse- und Blumenhändler unweigerlich Grüntöne für ihre Farbeinrichtungen. Es handelt sich um einen instinktiven Gebrauch der Feng-Shui-Farbe, die auf das Element Holz bezogen ist.

Feuer

Feuer wird zu tierischem Leben in Beziehung gesetzt und paßt zu jedem Unternehmen, das mit Tierhaltung und Tierprodukten zu tun hat, von Pelz- und Lederwaren bis hin zu Zoohandlungen und Schlachthäusern. Natürlich ist Feuer für alle Fabrikationsprozesse geeignet, die Hitze erfordern, wie Bäckereien und Schweißereien, wenngleich sich diese beiden Zweige (wie tatsächlich die meisten) auf mehr als nur ein Element konzentrieren. Der Bäcker benutzt Holz (Nahrung) und Feuer, der Schweißer Metall und Feuer.

Erde

Das Element Erde läßt an Ziegel, Steine und Gebäude denken und paßt daher zu Baustoffhändlern, Baumärkten und Porzellangeschäften. Feuer und Erde zusammen legen das Brennen von Ziegeln und Lehm nahe, so daß diese Geschäftszweige aus einer harmonischen Menge an Feuer und Erde in der Umgebung Nutzen ziehen würden.

Metall

Die Branchen, die offensichtlich zu dem Element Metall gehören, sind Eisen- und Haushaltswaren, Schmuckhandlungen und Hufschmieden. Aber da das Element Metall Geld symbolisiert, gehört auch der Bankenbereich dazu. Und da Metall das mit Westen und der untergehenden Sonne in Verbindung gebrachte Element ist, werden auch die Musik- und Theaterbranchen durch dieses Element symbolisiert.

Wasser

Einige Interpreten beziehen die Finanzberufe auf den Wasserbereich, weil im Chinesischen das Wort für Wasser gleichzeitig ein Slang-Ausdruck für Geld ist. Ich glaube jedoch, daß dies eine sprachliche Neuerung darstellt. Das Wasser symbolisiert Bewegung und Reisen – die Medien, Zeitungsveröffentlichungen, Fernsehen, Reiseagenturen beziehungsweise Agenturen jeglicher Art, da ihr Geschäft darin besteht, den Fluß zwischen Kunden voranzutreiben.

Die Acht Veränderungen

Alles befindet sich in einem ständigen Wandlungsprozeß. Die dauerhaften Merkmale der Erde und des Himmels verändern sich mit der Zeit, denn die Zeit steht niemals still. Was in unserer Lebensspanne dauerhaft an einem Ort verankert scheint, wird für spätere Generationen verändert sein. Wie chinesische Spruchweisheiten besagen: «Der Pilz am Morgen kennt nicht die wechselnden Monate. Die Raupe im Frühling wird den Herbst nie kennenlernen.»

Während unseres ganzen Lebens unterliegen wir Veränderungen; das Vorbeiziehen der Jahreszeiten, Wachstums- und Verfallsprozesse sind unvermeidlich. Doch auch wir selbst führen gezwungenermaßen aus freier Entscheidung Veränderungen herbei. Einige sind nützlich, andere destruktiv. Ein Reich baut auf, ein anderes zerstört.

Vor Urzeiten führten die chinesischen Philosophen, die das klassische *Buch der Wandlungen* zusammenstellten, acht Arten von Veränderung auf. Diese reichten von Dauerhaftigkeit – völliger Unveränderlichkeit – über die verschiedenen Formen der Transformation sowohl natürlicher wie künstlicher Art. Die acht Transformationen erhielten entsprechend blumige Bezeichnungen, zum Beispiel wurde der Zustand der Dauerhaftigkeit oder der Unwandelbarkeit «Berg» genannt, weil zumindest nach menschlichen Begriffen Berge dauerhaft und unbeweglich sind. Doch sind nicht alle Namen so eindeutig.

Die acht Transformationen sind:

Berg   Dauerhaftigkeit, Unveränderlichkeit
Donner Bewegung, Ortsveränderung, etwa wenn Obst vom Baum auf den Tisch wandert

Wind	Formveränderung, etwa wenn ein Stück Stoff in ein Kleidungsstück verwandelt wird
Feuer	Stoffveränderung, etwa wenn durch Hitze Mehl in Brot oder Lehm in Töpferwaren verwandelt wird
Erde	Natürliche Veränderung, etwa wenn ein Setzling sich in eine Pflanze verwandelt
See	Wandlung des Wissens, wie man es durch Lernen oder Lektüre gewinnen kann
Himmel	Schöpferische Veränderung, das Ingangsetzen von Prozessen, wie gedankliche Inspirationen oder die Düngung einer Saat
Wasser	Rotation oder Bewegung an einer Stelle, wie das Drehen eines Wasserrades, einer Drehbank oder Maschine

Acht Richtungen

Die acht Arten der Veränderung sind mit den «Acht Trigrammen», die am Ende dieses Kapitels beschrieben sind, verbunden. Durch das Element der Acht Trigramme ist jede einzelne Art der Verwandlung mit einer der acht Richtungen verbunden, d. h. mit den vier Kompaßpunkten und den von den Chinesen die vier «Ecken» genannten Zwischenrichtungen. Daraus folgt also, daß jede der acht Richtungen einem besonderen Typ der Veränderung entspricht. Wenn jemand die Anlage einer Fabrik oder eines Privathauses plant, ist es möglich, verschiedene Bereiche innerhalb des verfügbaren Raums für die am besten geeignete Tätigkeitsart vorzusehen.

Als erstes muß man daher ermitteln, in welchem Verhältnis die Kompaßpunkte zu den acht Arten der Veränderung stehen.

Norden – Wasser – Rotation

Der literarische Name für das mit dem Norden verbundene Trigramm ist das mit ihm assoziierte Element: Wasser. Dieses läßt an das Bild einer Wassermühle denken, welche die drehende Veränderung symbolisiert. So paßt der nördliche Teil eines Bereiches zu allen Arten drehender Bewegung; in der Fabrik würden Drehbänke hierher gehören und alle Arten radbetriebener Maschinen. In anderen Geschäftsbereichen repräsentiert dieser Bereich wiederholte Handlungen. In einem Büro könnte die nördliche Seite ein guter Ort für den Fotokopierer sein. In einem größeren Konzerngebäude mit mehreren Büros könnte das Büro an der Nordseite für die Schreibzentrale oder alltägliche Routinearbeiten genutzt werden.

Zu Hause ist es am besten, im Norden Haushalts- oder Allzweckräume einzurichten, da Waschmaschinen durch Räder betrieben werden und zudem für das Element Wasser geeignet sind. Es könnte ebenso ein passender Ort für eine Werkbank sein oder für einen Raum, in dem man alltägliche Routineaufgaben wie Bügeln erledigt.

Nordosten – Berg – Unbeweglichkeit

Das Trigramm Berg gehört zum Nordosten, der auf Dauerhaftigkeit und Unbeweglichkeit verweist. Im *Buch der Wandlungen* symbolisiert er Hindernisse, aber seine Eigenschaft kann sich eher nützlich als hinderlich entfalten, wenn der Ort als Hindernis etwa gegen Diebe und Eindringlinge vorgesehen ist. Wenn Sicherheit von größter Bedeutung ist, zum Beispiel für ein Geschäftsunternehmen mit hochwertigen Materialien oder Produkten, wäre der Nordosten ein angemessener Standort für den Tresorraum oder die Lagerung wertvoller Waren. In einem kleinen Geschäft oder Büro stellen Sie den Safe an dieser Stelle auf.

Wenn die Waren sehr wertvoll sind und das gesamte Grundstück abgesichert werden muß, wäre der Nordosten die beste Lage für das Haupttor oder den Haupteingang.

Falls man zu Hause keinen Safe hat, wäre dort die nordöstliche Ecke der geeignete Ort, um wertvolle Dokumente aufzubewahren.

In früheren Zeiten war der Klang von dahinjagenden Pferden und Kutschen angsterregend und kam darin dem Donnerschlag fast gleich. Deswegen paßt die Bezeichnung Donner zu der Trigramm-Richtung, die eine lineare Bewegung bedeutet. In einer Fabrikanlage ist der Osten somit ein geeigneter Ort für die Warenannahme und -abfertigung. Die Zufahrt zu einer Laderampe an dieser Stelle befände sich in Übereinstimmung mit der Umgebung. Verbunden mit der nordöstlichen Sicherheitsposition wäre es eine klare Sache, wenn man das Haupttor im Nordosten hätte und eine Fahrzeugzufahrt, die in südlicher Richtung zum Wareneingang verliefe.

Osten – Donner – Bewegung

In einem überwiegend mit Büroarbeiten befaßten Geschäft wäre der Osten der Ort für den Postraum, für Empfang und Abfertigung der Sendungen. In einem kleinen Büro wäre die östliche Wand der passende Ort für die Frankiermaschine, das Faxgerät oder Telefon.

In einem Familienheim bietet sich der Osten als Standort für den Boteneingang an sowie als Zugang zum Garten oder Innenhof, und zwar unabhängig davon, welche Richtung dem Haupteingang gegenüberliegt.

Südosten – Wind – Transformation

Wir können täglich zum Himmel blicken und sehen, wie der Wind die dahintreibenden Wolken in die verschiedensten Formen bläst. Material kann seine Form auf vielfältige Weise verändern. Es kann wie Ton in den Händen des Töpfers geformt werden. Es kann durch Angriff Gestalt finden, etwa wenn der Zimmermann das Holz mit Meißel und Säge in Angriff nimmt. Oder es wird eine Vielfalt an Teilen in einem Arbeitsprozeß zu einem fertigen Produkt zusammengestellt. Bei den meisten Arbeitsplätzen sollte im Südosten die überwiegende Konstruktionsarbeit stattfinden – gemeint ist also der Fabrikationsbereich. Hier würden Produkte wie Uhren, Stühle, Schmuck oder Flugzeugmotoren gefertigt und zusammengebaut.

Süden – Feuer – Transmutation

Wie die mit dem Norden verbundene Veränderung den Namen ihres entsprechenden Elementes erhalten hat, so auch der Süden. Die Hitze des Feuers führt zu einer chemischen Veränderung, einer irreversiblen Stoffveränderung. Brot kann nicht in Mehl, Ziegel können nicht in Ton zurückverwandelt werden. Alle Veränderungen, bei denen ein Stoff in einen anderen übergeht, gehören zum Süden, auch wenn die Veränderung nicht aus Erhitzung hervorgegangen ist. Wenn Metall geschmolzen und in Form gegossen wird, geschieht dies zwar durch Erhitzen, doch liegt hier tatsächlich keine Stoff-, sondern nur eine Formveränderung zugrunde. Schmelzen und Erhärten gehören daher zum Südosten. Wenn aber Gerstenwasser in Bier verwandelt wird, liegt eine Stoffveränderung (von Zucker in Alkohol) vor, auch wenn keine Hitze dazu beigetragen hat. Daher gehört dieser Prozeß zum Süden. Der Süden gehört eigentlich zu den Kochvorgängen, zu Porzellanherstellung und jeder Art von chemischer Industrie.

Dies ist ein Prozeß, der wenig mit der Büroarbeit zu tun hat, abgesehen vielleicht von einem Fotokopierer oder einer Farbverarbeitungsmaschine, bei denen chemische Zusätze benutzt werden.

Zu Hause ist dies ein geeigneter Ort für den Küchenherd, da alle Kochvorgänge die Verwandlung von einem (rohen) Stoff zu einem anderen (gegarten) beinhalten.

Südwesten – Erde – Wachstum

Hier ist mit «Erde» weniger das Element Erde gemeint als die Erde im Gegensatz zum Himmel. Sie bedeutet Ackerbau, Ernährung, Pflege und Mutterschaft. Alle weiblichen Angelegenheiten fallen unter den Schutz der südwestlichen Richtung. Hier ist ein idealer Ort für alle speziell Frauen betreffenden Dinge. In einem großen Geschäftskonzerngebäude wäre es der beste Standort für den Erste-Hilfe-Raum, einen Entspannungsraum für Frauen, eine Krippe oder die Kantine.

In einem kleinen Büro ist dies ein Ort, wo ein paar Topfpflanzen die Zimmerdekoration verbessern und sich in Übereinstimmung mit der Umgebung befinden würden.

Diese Richtung ist für die heimische Umgebung noch bedeutsamer als für den Arbeitsplatz. Unter Berücksichtigung aller anderen Erwägungen wäre der Südwesten für ein Kinderzimmer geeignet. Auch würde hier der angemessene Standort für einen Wintergarten oder ein Treibhaus sein. Wenn das Haus groß genug ist, daß die Mutter ein eigenes Zimmer hat, sollte man diesen Bereich für sie in Erwägung ziehen.

Westen – See – Lernen

Die literarische Bezeichnung für den westlichen Standort, der See, ist am wenigsten offensichtlich, weil der See (richtiger: der Sumpf) das Element Wasser nahelegt. Jedoch gehört der Westen zum Element Metall, worüber übrigens Uneinigkeit unter Feng-Shui-Autoren besteht. Der Westen wird mit dem Tagesende in Verbindung gebracht, wenn körperliche Arbeit zu Ende ging und die Arbeiter sich bei einer Flasche Wein ausruhten und der untergehenden Sonne zusahen. Die feinen Leute ließen ihre Bestandsaufnahmen und das Geldzählen sein und wandten sich der Lektüre und der Dichtkunst zu. So wird der Westen mit Musik, Literatur, den schönen Künsten und dem Lernen in Verbindung gebracht.

In einem großen Geschäftskonzerngebäude wäre der Westen die ideale Richtung für Lehrgänge und Werbemaßnahmen. Zu Hause ist hier der beste Standort für das Klavier, die Musikanlage, den Fernseher und andere Unterhaltungseinrichtungen.

Nordwesten – Himmel – Inspiration

Im *Buch der Wandlungen* repräsentiert der Nordwesten den Auftrag des Himmels und symbolisiert Schöpfung und Erzeugung. Er ist die Quelle, aus der alle anderen Formen der Veränderung entstehen, der Große Yang-Himmelsvater im Gegensatz zur Großen Yin-Erdemutter des Südwestens.

Als Sitz der Inspiration ist der Nordwesten der ideale Ort für den Vorstand eines Konzerns, wäre aber auch für die Abteilung Produktentwicklung, einen Konferenzraum, ein Planungsbüro oder die Werbeabteilung geeignet. In einem kleinen Büro sollte idealerweise der Geschäftsführer in diesem Bereich untergebracht sein; wenn aber der Raum begrenzt ist, gibt es viele andere Erwägungen, die möglicherweise Vorrang haben. Zu Hause wäre hier der geeignete Ort für ein Arbeitszimmer.

Wie man die besten Lösungen ermittelt

Wenn man ein Geschäft von Grund auf neu beginnt, muß man als erstes geeignete Unterkünfte finden. Ein langjähriger Freund hatte mit dem Import essentieller Öle für die Aromatherapie und dem Weiterverkauf an Großhändler ein sehr erfolgreiches Geschäft aufgebaut. Nun war die Zeit gekommen, zu expandieren und in größere Räume umzuziehen. Ihm wurden zwei separate Einheiten in einem Gewerbegebiet angeboten. Beide waren in jeder Hinsicht identisch, abgesehen davon, daß die Eingänge zu verschiedenen Richtungen lagen, der eine gen Westen, der andere zum Osten hin. Es gab keine Innenwände, die Raumaufteilung lag völlig im Ermessen des jeweiligen Unternehmens, das den Raum anmietete. Welcher Standort war die bessere Wahl?

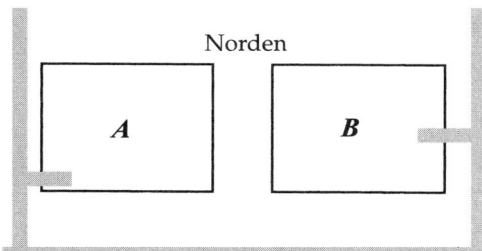

Betrachten Sie die Verteilung der Aufgaben der Acht Veränderungen. In dem Standort, der nach Westen geht, liegt der Eingang im Bereich «Wachstum». In der nach Osten orientierten Einheit befindet sich der Eingang im Bereich «lineare Bewegung».

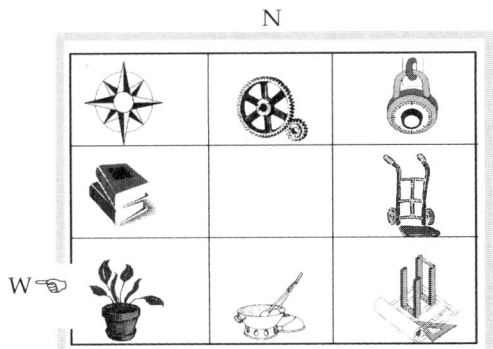 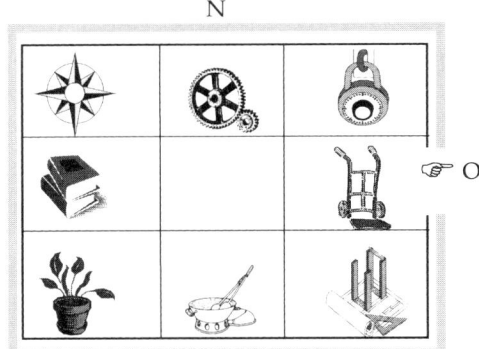

Hat man einmal den Standort gewählt, ist der nächste Schritt die Entscheidung, welche Räume den verschiedenen Abschnitten der Herstellungs- und administrativen Prozesse zugeteilt werden. Wäre in diesem Beispiel der nach Westen orientierte Standort gewählt worden, so hätte die Verteilung der fertiggestellten Waren den Betrieb durch den «Wachstums»-Bereich verlassen müssen, in der nach Osten ausgerichteten Einheit hingegen durch den in dem Bereich «lineare Bewegung» gelegenen Ausgang, was viel angemessener ist.

Jeder Fall stellt sich anders dar. Hier brauchte man keine weiteren Faktoren wie Wasserversorgung und Abwassersystem zu beachten. Beispielsweise würde ein Herstellungsbetrieb wie eine Schreinerei, die auch einen Ausstellungsraum hätte, einen separaten Eingang für solche Einzelkunden benötigen, die nicht in gemieteten Klein-LKWs, sondern mit dem Jaguar vorfahren.

Beachten Sie, daß die Acht Veränderungen unabhängig von der Ausrichtung der Eingangstür immer in denselben auf den Norden bezogenen Positionen liegen. In beiden oben erwähnten Fällen wäre es beispielsweise angemessen, in der nordöstlichen Ecke einen Lagerraum unterzubringen.

Dies trifft nicht auf die Sieben Vorzeichen zu. Auch wenn die beiden Standorte nebeneinander liegen, bestimmt die Orientierung des Haupteingangs die Lage der Sieben Vorzeichen, die somit unterschiedlich wirken. Dies hängt damit zusammen, daß in dem nach Westen ausgerichteten Gebäudeteil die Tür zu einer Seite der westlichen Wand liegt, während in der nach Osten gelegenen Einheit die Tür in der Mitte liegt.

Betrachtung der Sieben Vorzeichen

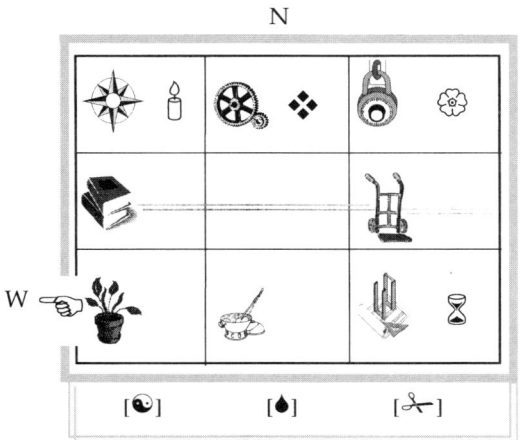
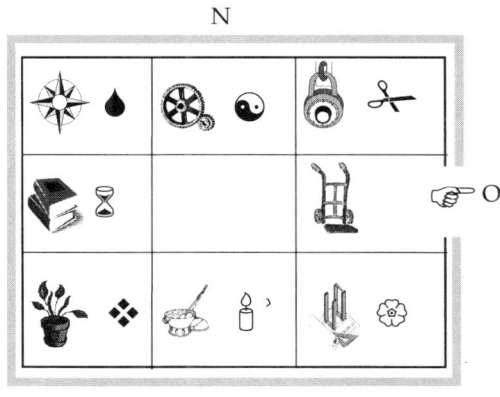

Betrachten wir nun den Raum innerhalb des jeweiligen Standorts und vergleichen die beiden Wahlmöglichkeiten.

In dem nach Westen orientierten Beispiel gehen wegen der zur Seite gelegenen Eingangstür zwei ungünstige Bereiche – «Geister» und «Flüche» – verloren, gleichzeitig entfällt aber auch das günstige Vorzeichen «Himmlische Monade», da diese Bereiche südlich des Haupteingangs gelegen sind. Wenn schon ein ungünstiger Bereich wegfallen soll, wäre es besser, einen gefährlicheren zu verlieren, wie die Abschnitte «Lebensende» oder «Unfälle». In dem nach Westen gelegenen Standort nimmt «Lebensende» mehr Raum ein als in dem nach Osten gelegenen Standort (weil in diesem die in der Mitte gelegene Tür den gesamten Bereich in neun Zonen unterteilt, wohingegen in dem erstgenannten der gesamte Bereich nur in sechs Zonen gegliedert ist). In dem östlich orientierten Standort ist die Zone «Lebensende» an der Stelle, wo die Mitarbeiterlehrgänge stattfinden könnten. Da diese nicht zu den wichtigsten Aufgaben des Unternehmens zählten (Lehrgänge wurden nur gelegentlich organisiert), wäre dies kein ernsthafter Rückschlag.

Der «Unfälle»-Bereich ist im nach Westen ausgerichteten Standort ebenfalls ungünstig plaziert, da er sich im Abschnitt «Rotation» befindet. Dieser Raum wäre für Verpackungsmaschinen geeignet, allerdings könnte er unfallgefährdet sein.

Hingegen liegt das Vorzeichen «Unfälle» in dem östlich ausgerichteten Standort im Bereich «Wachstum», der sich somit als Erste-Hilfe- oder Ruheraum anbieten würde. So wäre in diesem Fall der heilende Faktor eine Hilfe und würde den Bereich weniger gefährlich machen.

Einen weiteren Vorteil kann man in der nordöstlichen Ecke finden, die für die Lagerung wertvoller Materialien geeignet ist. In der nach Westen ausgerichteten Lage gehört das günstige Vorzeichen «Langlebigkeit» zu diesem Bereich, und es wäre verschwenderisch, den Ort mit einem der günstigsten Vorzeichen als Lagerraum zu verwenden. In dem östlich orientierten Standort ist dieser Bereich von einem weniger günstigen Vorzeichen belegt: den «Sechs Flüchen». Beachten Sie jedoch, daß es auch von Vorteil sein könnte, wenn «Langlebigkeit» auf den Lagerraum fiele, dann nämlich, wenn es sich um leicht verderbliche Güter handelt, die man vor schnellem Verfall bewahren will.

Der einzige nennenswerte Vorteil des Weststandorts ist der, daß sich die «Qi-Quelle» in der nordwestlichen Richtung befindet. Dies wäre ein wichtiger Faktor, wenn das hauptsächliche Geschäft in der Entwicklung neuer Ideen und Produkte bestünde, wie das bei einer Werbe- oder Medienagentur der Fall ist. Im allgemeinen jedoch ist im Vergleich zwischen beiden der östlich ausgerichtete Standort eindeutig der vorteilhaftere und unzweifelhaft die bessere Wahl.

Die Acht Trigramme

Die Acht Trigramme sind eine Erweiterung der Yin-Yang-Theorie und ein Meilenstein auf dem Weg zum Verständnis des *I Ging* oder *Buchs der Wandlungen* der Zhou-Dynastie. Dieses Werk ist in 64 Abschnitte unterteilt, von denen jeder mit einem Muster aus sechs Linien betitelt ist, die als Hexagramm bekannt sind. Tatsächlich wird jedes Hexagramm als eine Zusammenstellung von zwei dreilinigen Mustern oder «Trigrammen» betrachtet.

1	2	3	4	5	6	7	8
qian	xun	li	gen	dui	kan	zhen	kun

Die Acht Trigramme sieht man gewöhnlich an den Seiten eines Achtecks angeordnet. Sie finden sich ebenfalls auf chinesischen Navigationskompassen oder auf speziellen Talismanspiegeln, die oft in oder außerhalb von Gebäuden aufgehängt werden, um schädliches Sha abzuwehren.

Theoretisch gibt es einige tausend verschiedene Anordnungen, in denen die Trigramme geschrieben sein könnten, praktisch aber werden nur zwei benutzt. Die erste Anordnung, genannt die «Sequenz des pränatalen Himmels», sieht man auf den Talismanspiegeln. Die zweite Anordnung, die «Sequenz des postnatalen Himmels», ist die gebräuchlichere Methode und findet sich auf den chinesischen Schiffskompassen. Keine von beiden aber entspricht der oben gezeigten Anordnung, die auf der binären Abfolge basiert, welche für die heutige Computertechnologie so bedeutsam ist.

In der «Sequenz des pränatalen Himmels» wird der Süden durch das Trigramm mit den drei durchgezogenen Linien dargestellt (Nr. 1 in der obigen Sequenz, *qian*). Es erscheint gemäß den alten chinesischen Karten oben. Verkehrt man alle Linien in dem Trigramm für Süden in drei gebrochene Linien, so erhält man das Trigramm für Norden, das unten liegt. Die drei gebrochenen Linien bilden das Trigramm Nr. 8, *kun*.

In der «Sequenz des postnatalen Himmels» wird der Süden durch *li* dargestellt (Nr. 3) und der Norden durch dessen umgekehrtes Bild, *kan*, die Nr. 6.

Das chinesische Wort für Hexagramm wie auch für Trigramm ist *gua* (oder nach alter Schreibweise: *kua*). Da das
chinesische Wort für «acht» *ba* (oder *pa*) lautet, sind die acht
Trigramme insgesamt als das «Bagua» oder «pakua» bekannt. Wenn sich jemand auf ein «Bagua» bezieht, kann er
einen Talisman meinen, der Acht Trigramme aufweist,
oder einen speziellen Spiegel, um dessen Rand die Trigramme angeordnet sind. Der Ausdruck bezeichnet ebenfalls eine populäre, vereinfachte Form des Haushalts-
Feng-Shui, das vage auf dem Symbolismus der acht
Trigramme basiert.

Unser Heim

Wie ermittle ich mein Feng-Shui-Element?

Durch ihre persönlichen Elemente stehen die Menschen in Beziehung zu ihrer Umgebung. Wir haben verschiedene persönliche Elemente, die auf unterschiedliche Weise mit unserer Umgebung reagieren können, ob damit nun Menschen oder Gebäude gemeint sind, die Landschaft um uns herum, die uns beschäftigenden Tätigkeiten oder sogar das Wetter. Datum und Uhrzeit unserer Geburt liefern uns kalendarische Elemente, die angeben, in welcher Beziehung wir zu den Tages- und Jahreszeiten stehen, ja sogar zu den Jahren selbst. Von altersher beobachteten die Chinesen das Anwachsen und Nachlassen von Qi im Verlauf der Zeit. Im Westen wurde dieses Merkmal unter der Bezeichnung «Biorhythmus» wiederentdeckt.

Dann gibt es die elementbezogene Konstitution unseres Körpertypus, etwa die Verbindung zwischen Langgliedrigkeit und Holz oder zwischen rötlicher Gesichtsfarbe und Feuer. Dieses Element ist wichtig bei der gesundheitlichen Einschätzung eines Menschen.

Ein weiteres Element ist das uns durch persönliche Wahl auferlegte, das Element, das wir für uns selbst schaffen. Dieser Zustand mentaler Aktivität, der zu den Fünf Gefühlszuständen in Beziehung steht, ist weniger stabil als die anderen und kann sich allmählich, plötzlich oder auch überhaupt nicht verändern.

Die alten Chinesen erklärten sogar, daß jeder Mensch einen besonderen, mit den Elementen in Beziehung stehenden Klang habe, während chinesische Ärzte wiederum dem Geruch eines Menschen große Aufmerksamkeit widmen. Ein Teil der Menschheit besitzt theoretisch alle Faktoren, welche die Zugehörigkeit zu einem bestimmten Element anzeigen – den Zeitfaktor und die Körperstatur –, und doch können die Menschen völlig davon abweichen, weil sich ihnen ein anderes Element überlagert. Laut Feng-Shui-Philosophie aber ist eine Harmonie der eigenen Elemente einer Situation vorzuziehen, in der die Elemente in Konflikt zueinander stehen.

Kurzum, abhängig von der Zielsetzung gibt es viele Arten, das Element eines Menschen zu entdecken. Beziehungen zu anderen Menschen kann man aus einem Element schließen, Gesundheit aus einem anderen und die Beziehung von jemandem zu einem Gebäude aus einem dritten. Diese drei Faktoren sind als der Himmelsfaktor, der Menschliche Faktor und der Irdische Faktor bekannt. (Letztgenannter ist nicht mit dem Element Erde zu verwechseln.)

Der Himmelsfaktor

Der Himmelsfaktor läßt sich aus Datum und Zeit der Geburt erkennen und wird von chinesischen Astrologen zur Ermittlung zwischenmenschlicher Übereinstimmung, der Karriere und anderer Aspekte benutzt. Persönliche Beziehungen werden aus dem Element und dem Tiertyp des Geburtsjahres festgelegt. Leider ist der chinesische Kalender äußerst kompliziert (technisch beginnt er mit dem zweiten

Neumond nach dem kürzesten Tag), und wie Ostern fällt auch das chinesische Neujahr jedes Jahr mit einem anderen westlichen Datum zusammen. Dieses Thema sprengt den Rahmen dieses Buches, jedoch finden Sie zu Ihrer Information und aus Gründen der Vollständigkeit im Anhang die Daten des jeweiligen chinesischen astrologischen Jahresbeginns.

Das Menschliche Element leitet sich von der Körperform ab.

Der Menschliche Faktor

Das Element **Holz** zeigt sich an Leuten, deren Glieder – mit langen «Musikerfingern» – proportional länger sind, als es der Norm entspricht. Mit Norm meine ich Menschen derselben Umgebung. Holländer sind zum Beispiel eher größer als andere Europäer. Will man also ermitteln, ob ein Holländer zum Element Holz gehört, muß man ihn mit anderen Holländern vergleichen.

Feuer-Menschen neigen zu spitzen, kantigen Gesichtszügen, vorstehendem Kinn, scharf modellierten Nasen und Ohren und spitzen Fingern. Die Gesichtsfarbe ist gewöhnlich rötlich. Aber auch hier muß man innerhalb derselben nationalen Gruppe vergleichen, um das Körperelement zu erkennen.

Das Element **Erde** zeigt sich in einem breiten Unterkiefer, stämmigem Körperbau, breiten Schultern und flach auslaufenden Fingern. Ein flaches Profil und eine gesunde Gesichtsfarbe sind typisch für das Element Erde.

Menschen des Elementes **Metall** haben einen rundlichen Unterkiefer, eine gebogene Nase, runde Ohren, halbkreisförmige Augenbrauen und ein konvexes Profil. Sie neigen zu einer blassen Gesichtsfarbe und bekommen leicht einen Sonnenbrand.

Menschen des **Wasser**-Typus haben anziehende unregelmäßige Gesichtszüge und ein konkaves Profil. Augenbrauen und Haare sind in der Regel sehr dunkel. Die Wasser-Typen sind häufig ruhelos, haben eine unbeholfene Körperhaltung und neigen zu sehr sprunghaften Bewegungen.

Der Irdische Faktor

Die klassischen Texte geben verschiedene Arten an, wie man das Element der Beziehung zwischen Menschen und Gebäuden ermittelt. Das «Klang»-Element ist nur eines davon. Meiner Erfahrung nach ist die hier beschriebene Methode zur Ermittlung des Irdischen Faktors sehr effektiv. Sie basiert auf einem taoistischen Werk aus dem achten Jahrhundert oder früher. Es ist zwar eigentlich kein schwer zugängliches Werk, da es mehrfach in China neu aufgelegt wurde, doch vor ungefähr zwanzig Jahren genoß ich das Privileg, eine tausend Jahre alte Abschrift dieses Werkes einzusehen, eine Rolle aus dem Dunhuang-Kloster, die sich in der British Library in London befindet. Für die konstruktive Unterstützung seitens der hilfreichen und freundlichen Mitarbeiter im Orient-Leseraum der Bibliothek werde ich immer dankbar sein.

Wie man sein persönliches Element ermittelt

Um sein persönliches Feng-Shui-Element zu ermitteln, muß man zuerst (a) die Zahl des Jahres, in dem man geboren wurde, finden (die **Jahres-Zahl**) und sodann (b) die Zahl für den Geburtsmonat (die **Monats-Zahl**). Von diesen beiden Zahlen gelangt man zu seiner **Persönlichen Zahl**, und aus dieser ermittelt man sein Feng-Shui-Element.

Gehen Sie von den letzten zwei Ziffern Ihres Geburtsjahres aus.

Besondere Fälle:
Wenn Ihr Geburtstag auf oder vor den 3. Februar fällt, ziehen Sie von dieser zweistelligen Zahl eine 1 ab.

Wenn Ihr Geburtstag auf den 4. Februar fällt, ziehen Sie die Tabelle «Frühlingsbeginn» zu Rate.

Beispiel
- Jemand ist am 18. Januar 1967 geboren
- Die letzten zwei Ziffern des Jahres 1967 sind 67
- Da der 18. Januar vor dem 3. Februar liegt, zieht man 1 ab und erhält 66

Anmerkung: Das Fest des Frühlingsbeginns ist normalerweise am 4. Februar. Menschen, die davor geboren sind, sollten sich zu dem vorangehenden Kalenderjahr zählen und von den letzten beiden Ziffern ihres Geburtsjahres 1 abziehen, wenn sie ihre Jahres-Zahl berechnen.

In den nachfolgend aufgeführten Jahren lag das Fest des Frühlingsbeginns einen Tag später: am 5. Februar. Wer in diesen Jahren am oder vor dem 4. Februar geboren wurde, sollte also von den letzten beiden Ziffern seines Geburtsjahres 1 abziehen.

1902 1903 1904 1906 1907 1908
1910 1911 1912 1915 1916 1919
1920 1923 1924 1927 1928
1931 1932 1935 1936 1939
1940 1943 1944 1948
1952 1956
1960 1964 1968
1972 1976 1980

Berechnungen für Männer

- Man teile die zweiziffrige Endzahl durch 9 und merke sich den Rest
- Ist der Rest gleich Null, so setzt man an seine Stelle die 9
- Man ziehe den Rest von 10 ab
- Die sich daraus ergebende Zahl ist die persönliche Jahres-Zahl

Beispiel für einen am 3. Januar 1948 geborenen Mann.
- Die letzten zwei Ziffern von 1948:   48
- Da der 3. Januar vor dem 4. Februar liegt, zieht man 1 ab: 47
- 47 geteilt durch 9 ergibt: 5 Rest 2
- Zieht man 2 von 10 ab, erhält man: 8
- Seine Jahres-Zahl lautet: 8

Nun lesen Sie weiter bei dem Abschnitt «Wie man seine Monats-Zahl ermittelt».

Berechnungen für Frauen

- Man nehme die letzten beiden Ziffern, wie oben beschrieben, und addiere 5 hinzu
- Das Ergebnis wird durch 9 geteilt
- Der Rest ist die Jahres-Zahl
- Wenn der Rest gleich Null ist, lautet die Jahres-Zahl 9

Beispiel für eine am 3. Januar 1948 geborene Frau.
- Die letzten beiden Ziffern von 1948 sind: 48
- Da der 3. Januar vor dem 4. Februar liegt, muß man 1 abziehen: 47
- 47 + 5 =   52
- 52 geteilt durch 9:   5 Rest 7
- Ihre Jahres-Zahl lautet: 7

Lesen Sie nun bei dem Abschnitt «Wie man seine Monats-Zahl ermittelt» weiter.

In den meisten Fällen ist die Monats-Zahl um 1 kleiner als der Kalendermonat. Ermitteln Sie die Monats-Zahl aus der folgenden Tabelle.

Wie man seine Monats-Zahl ermittelt

Geburtstag zwischen	Monats-Zahl
1. Januar und 4. Januar	11
5. Januar und 4. Februar	12
5. Februar und 4. März	1
5. März und 3. April	2
4. April und 4. Mai	3
5. Mai und 4. Juni	4
5. Juni und 6. Juli	5
7. Juli und 6. August	6
6. August und 6. September	7
7. September und 8. Oktober	8
9. Oktober und 6. November	9
7. November und 6. Dezember	10
6. Dezember und 4. Januar	11

Beispiel: Der 3. Januar liegt zwischen dem 1. und 4. Januar, so daß die Monats-Zahl für den 3. Januar die 11 ist.

Ermitteln Sie aus den Tabellen Ihre Persönliche Zahl aus der Schnittstelle von Jahres- und Monats-Zahl.

Wie man seine Persönliche Zahl ermittelt

Persönliche Feng-Shui-Zahl für Männer

Monats-Zahl	Jahres-Zahl:	1 2 3 4 5 6 7 8 9
1		8 2 5 8 2 5 8 2 5
2		7 1 4 7 1 4 7 1 4
3		6 9 3 6 9 3 6 9 3
4		5 8 2 5 8 2 5 8 2
5		4 7 1 4 7 1 4 7 1
6		3 6 9 3 6 9 3 6 9
7		2 5 8 2 5 8 2 5 8
8		1 4 7 1 4 7 1 4 7
9		9 3 6 9 3 6 9 3 6
10		8 2 5 8 2 5 8 2 5
11		7 1 4 7 1 4 7 1 4
12		6 9 3 6 9 3 6 9 3

Fortführung des Beispiels für einen am 3. Januar 1948 geborenen Mann:

● Seine Jahres-Zahl ist 8
● Seine Monats-Zahl für den 3. Januar ist 11
● Seine Persönliche Zahl ist 1

Persönliche Feng-Shui-Zahl für Frauen

Monats-Zahl	Jahres-Zahl:	1 2 3 4 5 6 7 8 9
1		7 4 1 7 4 1 7 4 1
2		8 5 2 8 5 2 8 5 2
3		9 6 3 9 6 3 9 6 3
4		1 7 4 1 7 4 1 7 4
5		2 8 5 2 8 5 2 8 5
6		3 9 6 3 9 6 3 9 6
7		4 1 7 4 1 7 4 1 7
8		5 2 8 5 2 8 5 2 8
9		6 3 9 6 3 9 6 3 9
10		7 4 1 7 4 1 7 4 1
11		8 5 2 8 5 2 8 5 2
12		9 6 3 9 6 3 9 6 3

Fortführung des Beispiels für eine am 3. Januar 1948 geborene Frau:

- Ihre Jahres-Zahl ist 7
- Ihre Monats-Zahl für den 3. Januar ist 11
- Ihre Persönliche Zahl ist 8

Persönliche Zahl	Element	Kompaßpunkt
1	Wasser	Norden
2	Erde	Südwesten
3	Holz	Osten
4	Holz	Südosten
5 (Männer)	Erde	Nordosten
5 (Frauen)	Erde	Südwesten
6	Metall	Nordwesten
7	Metall	Westen
8	Erde	Nordosten
9	Feuer	Süden

Wie man das Persönliche Feng-Shui-Element und die Richtung ermittelt

In welcher Beziehung Menschen zu Gebäuden stehen

Wie sich Menschen auf Gebäude und ihre Inneneinrichtung beziehen, kann man aufgrund ihrer persönlichen Elemente beurteilen.

Wenn das Element des Standorts das Element der Person erzeugt, dann «generiert» der Standort diese Person und vermag sie neu zu beleben. Stimmen die Elemente des Standorts und der Person überein, ist die Situation harmonisch. Das ist sie auch dann noch, wenn das eigene Element eines Menschen das des Gebäudes erzeugt, wenngleich die

Wirkung dann nicht mehr ganz so günstig ist. Ungünstig ist es hingegen, wenn das Element des Standorts das des Menschen zerstört. Zerstört hingegen das eigene Element des Menschen das der Umgebung, ist dies nicht so ungünstig, bedeutet aber einen Interessenkonflikt, der sich auf Dauer als schädlich erweisen könnte.

Der geeignete Standort

Beim Vergleich des Elementes eines Menschen mit dem eines Ortes kann man erkennen, ob der Ort günstig ist oder nicht. Es spielt keine Rolle, ob der Ort ein Zimmer in einem Gebäude oder eine bestimmte Stelle in einem Zimmer ist. Wenn beispielsweise das Element eines Menschen Feuer ist, dann wäre ein Zimmer im südlichen Teil des Hauses für ihn günstig, da der Süden zum Element Feuer gehört. Als ungünstig könnte sich für diesen Menschen die nördliche Position etwa seines Stuhles erweisen, weil der Norden zum Element Wasser gehört, das ja das Feuer löscht. Was für den einen also ein guter Standort sein mag, ist offensichtlich für den anderen noch längst nicht gut.

In privaten oder geschäftlichen Partnerschaften können sich die Partner, wenn sie zu verschiedenen Elemente-Typen gehören, den Raum untereinander so aufteilen, daß jeder seine individuelle Arbeitszeit in dem Bereich verbringt, der sich für ihn am besten eignet. Man kann zum Beispiel in einem Büro oder Wohnzimmer die Stühle in den jeweils günstigsten Positionen anordnen.

Natürlich steht die Chance eins zu fünf, daß beide Partner dasselbe Element haben. In diesem Fall sollten sie sich den Raum so organisieren, daß sie beide nah beieinander arbeiten können. Zu Hause würde dies eine glückliche Atmosphäre erzeugen, in der sich beide Partner am Beisammensein erfreuen. In einer Geschäftssituation kann es schwieriger sein, wenn die Stelle, die für den einen gut ist, dem Partner gleichermaßen nützt. Da es problematisch ist, wenn zwei Leute an derselben Stelle zusammen arbeiten, würde diese Konstellation wahrscheinlich eher eine zeitliche Planung denn eine räumliche Zuordnung erfordern.

In den folgenden Abschnitten wird dargestellt, wie die verschiedenen Standorte die Menschen der fünf Elemente-Typen beeinflussen.

Holz-Standort
Architektonische Merkmale: Hoch; Säulen
Vorherrschende Farbe: Grün
Ausrichtung: Osten

Holz-Persönlichkeit: Holz und Holz zusammen sind harmonisch. Holz ist ein sehr kreatives Element, und diese Kombination ist für Künstler und Schriftsteller hervorragend. Es wäre der ideale Standort zum Unterrichten. Zu Hause würde man in dieser Umgebung gut Kinder erziehen. Kurzum, eine sanfte, glückverheißende Atmosphäre.

Feuer-Persönlichkeit: Holz nährt Feuer, so daß dies für eine dynamische Feuer-Persönlichkeit eine sehr anregende Umgebung wäre. Ehrgeizige und karriereorientierte Menschen hätten hier Erfolg; ein guter Standort für ehrgeizige Menschen, die eher Erfolg und Anerkennung als Wohlstand anstreben. Er würde eher Ruhm als Reichtum bringen.

Erde-Persönlichkeit: Holz entzieht der Erde Nahrung. Dies ist keine günstige Umgebung. Das Gebäude bedarf möglicherweise ständiger Wartung, und seine Instandhaltung würde eine Belastung der finanziellen Mittel darstellen. Verzweiflung könnte sich breitmachen, und man hätte den Eindruck, als gäbe es keinen Fortschritt. Das Element Holz müßte ausgeglichen oder durch die Einführung des Elements Feuer vermindert werden. Benutzen Sie Rot in der Dekoration, um dem Ort mehr Vitalität zu verleihen und Einnahmen anstelle von Ausgaben zu begünstigen.

Metall-Persönlichkeit: Dies wäre für eine kurze Zeit ein erfolgverheißender Standort, doch werden vorhandene Möglichkeiten schnell erschöpft. Erfolge stellen sich offensichtlich ein, aber es wäre ratsam, diesen Standort als vorübergehend zu betrachten. Im familiären und häuslichen Bereich macht Zuwachs bald schon eine größere Unterkunft erforderlich.

Wasser-Persönlichkeit: Günstig, mit glückverheißender Atmosphäre, auch wenn finanzielle Erfolge nur bescheiden sein mögen. Es kann von Vorteil sein, nach einer gewissen Zeit umzuziehen, und falls dies in Erwägung gezogen wird, sollte der Umzug eher früher als später stattfinden. Der Standort wäre gut für Lehrer und im kommunikativen Bereich tätige Menschen.

Feuer-Standort
Architektonische Merkmale: Spitz; spitze Winkel, gekreuzte Strahlen
Vorherrschende Farbe: Rot
Ausrichtung: Süden

Holz-Persönlichkeit: Für den kreativen Künstler oder Schriftsteller ist dieser Ort so glückbringend und inspirierend, daß er hier ausgesprochen produktiv wäre. Die finanziellen Entschädigungen mögen nicht besonders sein. Der Standort bietet für eine gewisse Zeit Anregung, doch können schon bald Probleme auftauchen, welche die Vorteile wettmachen. Kurzum, günstig für eine kurze Wohndauer.

Feuer-Persönlichkeit: Ehrgeizige und karriereorientierte Menschen werden hier die ihnen gebotenen Gelegenheiten zu ergreifen wissen. Die Umgebung bietet stimulierende Aussichten. Auch wenn sich dieser Standort nicht für eine größere Zeitspanne eignet, dauert es doch lange, bis ein Standortwechsel nötig wird. Was heißt lange? Solange die Frage überhaupt gestellt werden muß, ist die Zeit noch nicht reif.

Erde-Persönlichkeit: Dies ist einer der günstigsten Standorte für die Erde-Persönlichkeit. Finanzielle Einnahmen sind gesichert, und dies könnte ein gewinnträchtiger und dauerhafter Ausgangspunkt für geschäftliche Unternehmungen sein. Ständige Akkumulation erschwert das Weggehen. Daheim gibt es starke Familienbande und eine hohe Wahrscheinlichkeit, daß in dem Haus Kinder und Enkel geboren werden.

Metall-Persönlichkeit: Feuer schmilzt Metall und symbolisiert Vermögensverlust. Durch den Standort befindet sich die Metall-Persönlichkeit in großem Nachteil, was sich in finanziellen Problemen äußert. Ohne die Mittel für einen Umzug ist der Bewohner in einer Armutsfalle gefangen. Man sollte ernsthaft einen Standortwechsel ins Auge fassen, selbst wenn man eine Zeitlang auf einen gewissen Lebensstandard verzichten muß. Um dem Abfluß von Geldmitteln Einhalt zu gebieten, führe man das Element Erde ein, damit es als Puffer zwischen Feuer und Metall agiert. Benutzen Sie Gelb- und Ockertöne in der Einrichtung und einfache Töpferdekoration. Meiden Sie runde oder dreieckige Möbelformen, und behalten Sie Quadrate und Rechtecke bei.

Wasser-Persönlichkeit: Für den Wasser-Typ ist das kein glückverheißender Standort. Mit hoher Wahrscheinlichkeit entstehen Probleme aufgrund von zwischenmenschlichen Konflikten. Es bringt nichts, wenn man ständig recht hat und damit Ärger heraufbeschwört. Im geschäftlichen Bereich verschlechtert Rechthaberei die Beziehungen zwischen Mitarbeitern und Kunden, und in der Familie sind Streit und vielleicht irgendwann eine Trennung die Folge. Will man Auseinandersetzungen vermeiden, kann man das Element einführen, das Feuer und Wasser vereint: Metall. So wie Metallgegenstände Wasser von Feuer trennen und gleichzeitig ermöglichen, daß letzteres das Wasser zum Kochen bringt, so kann das Metall bewirken, daß eine unangenehme Atmosphäre stabilisiert wird. Betonen Sie bei der Inneneinrichtung weiße Elemente und wo immer möglich kreisförmige Motive.

Erde-Standort
Architektonische Merkmale: Flaches Dach, quadratische Fenster
Vorherrschende Farben: Gelb, Ockertöne
Ausrichtungen: Nordosten, Südwesten

Holz-Persönlichkeit: Wenn Felder dauerhaft bepflanzt und abgeerntet werden, verliert der Boden mit der Zeit an Kraft, und die Qualität der Ernten läßt immer mehr nach. So erfährt auch die Holz-Persönlichkeit die Erde-Umgebung. Zunächst bieten sich wunderbare Gelegenheiten, aber nach einer Weile büßt der Bereich seine Attraktivität ein. Die Einheimischen verlieren das Interesse; im Geschäftsleben nimmt die Kundschaft ab, im privaten Bereich verlieren die sozialen Kontakte ihren Reiz. Ein anderer Faktor wird als Puffer zwischen den Elementen Holz und Erde benötigt. Bringen Sie das Feuermotiv ein: rote Farben, spitzwinklige Möbel und Dekorationsgegenstände, die dem offensichtlich eingefahrenen Leben neuen Anreiz und Aufregung geben.

Feuer-Persönlichkeit: Die Atmosphäre ist ausgeglichen und harmonisch; der Laie mit Feuer-Element kann mit den Leuten um sich herum zufrieden sein, Karriereaussichten scheinen gut, und im allgemeinen gibt es wenig, worüber man sich beschweren kann. Aber dem Leben scheint etwas zu fehlen. Unzufriedenheit nagt an einem, da anscheinend brillante Ideen nie eine Chance auf Verwirklichung bekommen. Mit der Zeit wird es trotz der vielfältigen Freundschaften nötig, sich nach einer neuen Umgebung umzusehen.

Erde-Persönlichkeit: Diese Situation ist so stabil, daß es geradezu verwundert, wenn überhaupt jemals etwas Neues passiert. Der Widerstand gegenüber Veränderung ist so groß, daß kein Rat erwünscht ist. Der gegenwärtige Zustand verändert sich nur dann, wenn Druck von außen eine Beibehaltung des Status quo unmöglich macht.

Metall-Persönlichkeit: Die Umgebung ist sehr vorteilhaft, wahrscheinlich die beste, der man auf lange Zeit begegnen wird. Die Erde nährt Metall, was bedeutet, daß unzählige günstige Gelegenheiten darauf warten, ergriffen zu werden. Das Potential an geschäftlicher Expansion ist riesig. In der Familie ergeben sich klare Vorteile im Hinblick auf Karriere, erzieherische Erfolge und sportliche Ehrungen.

Wasser-Persönlichkeit: Erde verschlammt Wasser und verschmutzt es. Dies ist ein sehr ungünstiger Ort, an dem der Ruf möglicherweise Schaden nimmt. Am besten zieht man um. Irgendeine Indiskretion wird zu einer maßlosen Angelegenheit aufgeblasen. Im Berufsleben werden die Arbeitsbedingungen durch Rivalitäten und Eifersüchteleien unangenehm. Zu Hause wird man durch Probleme mit Familienmitgliedern unglücklich und mißtrauisch.

Metall-Standort
Architektonische Merkmale: Bögen, Kuppeln, Erker
Vorherrschende Farbe: Weiß
Ausrichtungen: Westen, Nordwesten

Holz-Persönlichkeit: Metall schlägt Holz. Der Aufenthalt an diesem Ort ist nicht günstig, da er auf Unfälle durch scharfe Kanten hinweist. Im Geschäftsbereich müssen Sicherheitsvorkehrungen strikt eingehalten werden und gefährliche Tätigkeiten – besonders an Drehbänken, mit Sägen und Messern – sollten sorgfältig überwacht werden. Zu Hause kontrolliert man zur Minderung des Risikofaktors das Metall-Element, indem man das Zwischen-Element Wasser mit dunkelblauen Einrichtungsgegenständen und Sofakissen oder mit Wasser in Springbrunnen oder Aquarien stärkt. Einige Experten weisen darauf hin, daß auch Zierglas das Element Wasser stimuliert.

Feuer-Persönlichkeit: Feuer schmilzt Metall, was bedeutet, daß Wohlstand kommt und geht. Zwar mag das Konto leer sein, doch es gibt trotzdem viele Gelegenheiten, den Luxus eines Spesenkontos auszunutzen. Die Schwierigkeiten ergeben sich durch den Zwang, mit Leuten – geschäftlich oder in bestimmten gesellschaftlichen Kreisen – zusammenzukommen, die finanziell sehr viel besser gestellt sind. Vielleicht sollte man lieber in einer weniger vom Konkurrenzdenken geprägten Atmosphäre leben oder arbeiten.

Erde-Persönlichkeit: Wenngleich der Standort recht günstig ist, sind die Vorteile nicht unmittelbar erkennbar. Sie bestehen eher in dem sekundären Vorteil des Zusammenseins mit finanziell erfolgreichen Menschen. Das Gefühls- und Familienleben ist stabil, und der Beruf macht Spaß. Auch wenn der Standort finanziell nicht ergiebig ist und ein Wechsel logisch und vernünftig erschiene, zieht man nur ungern um, da es andererseits wieder Gründe gibt, an diesem Standort zu bleiben.

Metall-Persönlichkeit: Gut für Familienbeziehungen und das Geschäft. Auf der Karriereleiter kann man erfolgreich weiterkommen. Für den Militärbereich, Athleten und körperlich Tätige gibt es hier berufliche Anerkennung. Studenten bestehen erfolgreich ihre Prüfungen. Die Familie hat begabte Kinder.

Wasser-Persönlichkeit: Dies ist eine ausgezeichnete Standortwahl für diejenigen, die im Finanzgewerbe, im Kommunikationssektor, in der Computerindustrie, im Bereich der Herstellung und Reparatur von Elektrogeräten und in Reiseagenturen tätig sind. Im Laufe der Zeit kann sich hier das Zentrum eines expandierenden Unternehmens mit mehreren Zweigen bilden. Auch wenn der Standort im Hinblick auf Familienangelegenheiten günstig ist, sind häufige Reisen wahrscheinlich, und zeitweise mag die Familie aus beruflichen Gründen auch auf zwei Standorte in verschiedenen Ländern verteilt sein. Dennoch bleiben die Bande zwischen den Familienmitgliedern stark, und die Trennungen werden als interessante Aspekte eines wechselvollen Lebensstils akzeptiert.

Wasser-Standort
Architektonische Kennzeichen: Unregelmäßig; Gebrauch von Glas; Rundungen
Vorherrschende Farben: Schwarz, Dunkelblau
Ausrichtung: Norden

Holz-Persönlichkeit: Die Aussichten hier sind anregend und bringen den Menschen, die im Bereich Kunst und Literatur tätig sind, Erfolg und Anerkennung. Es ist zudem ein äußerst günstiger Standort für Frauen mit Kindern und für Menschen in heilenden und pflegenden Berufen. Karriereaussichten sind sehr günstig, und für Mitarbeiter des öffentlichen Dienstes gibt es finanzielle wie offizielle Anerkennung. Wer eine große Familie gründen will, findet diese Umgebung sehr stimulierend.

Feuer-Persönlichkeit: Wasser löscht Feuer. Nach Feng-Shui ist dies vielleicht die ungünstigste Elemente-Kombination. Weniger gehen finanzielle Mittel als vielmehr persönliche und berufliche Wertschätzung verloren. Im geschäftlichen Bereich haben sich ständig aufeinander folgende Enttäuschungen, Unfälle, Verluste und Tragödien dazu verschworen, jegliche kommerziellen Geschäfte zu ruinieren. In der Familie bleibt das Glück aus; man ist mit seinem Leben sehr unzufrieden und wirft ständig seine Pläne um. Man sollte sobald wie möglich einen passenderen Standort suchen. In der Zwischenzeit kann man das Element Wasser reduzieren, indem man schwarze und blaue Farben entfernt und sie durch hellblaue, türkisfarbene und apfelgrüne Töne ersetzt. Gleichzeitig kann man das Element Holz in Form von Trockenblumen unterstreichen, da dies die Wirkung des Elementes Wasser beschränkt.

Erde-Persönlichkeit: Wenn Erde mit Wasser gemischt wird, erhält man Schlamm. Wasser repräsentiert Kommunikation und Reisen, also werden diese beiden Aspekte wahrscheinlich durch die Anwesenheit des Elementes Erde behindert. Daher sollte man dem Schriftverkehr große Aufmerksamkeit widmen und sämtliche Mitteilungen protokollieren, um die Verständigung nicht abreißen zu lassen, was dem Unternehmen ernsthaft schaden würde. Die Finanzbuchhaltung muß regelmäßig überprüft werden, und die Geschäftsunterlagen sollten jederzeit für eine Überprüfung offen sein. Zu Hause ist eine Lockerung der Familienbande wahrscheinlich, und einige Familienmitglieder beschließen vielleicht, im Ausland zu leben. Für die Gewährleistung eines reibungslosen Geschäftsbetriebes beziehungsweise eines stabilen Familienlebens empfiehlt sich die Einführung des Zwischen-Elementes Metall, das als Puffer zwischen Erde und Wasser agiert. Man kann zum Beispiel den Flächenanteil an schlichten weißen Wänden und Decken vergrößern, runde Fenster einbauen, runde Tische aufstellen und Bilder oder Spiegel in kreisförmigen Rahmen anbringen.

Metall-Persönlichkeit: Die Arbeitsplatzumgebung ist freundlich und stabil. Man ist versucht, zu sorglos Geld auszugeben. Vermeiden Sie Spontankäufe, und überlegen Sie, ob diese unbedingt nötig sind. Machen Sie es sich zur Regel, Dinge frühestens dann zu kaufen, wenn Sie drei Tage lang das Geld dafür bereitgehalten haben. In drei Tagen kann viel passieren. Zu Hause versuchen Sie, Probleme anders als durch Geldausgeben zu lösen.

Wasser-Persönlichkeit: Dieser Standort ist eher eine Zwischenstation als ein dauerhafter Ankerplatz. Er ist zwar sehr günstig, aber gleichzeitig liegt es in der Natur des Unternehmens und der Veranlagung des Wasser-Typs, fließend und flexibel zu sein. An diesem Standort kann ein Privat- oder ein Geschäftshaus untergebracht sein, und in beiden Fällen wird möglicherweise ein großer Teil der Zeit außerhalb verbracht. Daher ist es wichtig, die richtigen Leute zu finden, denen man das Geschäft in seiner Abwesenheit anvertrauen kann.

Zimmer für Zimmer

Nachdem nun die Grundprinzipien des Feng-Shui erklärt sind, können wir uns auf eine Phantasiereise durch jeden Raum eines Hauses begeben und überprüfen, wie sich diese Prinzipien in die Praxis umsetzen lassen.

Auf diesem Rundgang hilft Ihnen eine Checkliste, mit der Sie Ihr Heim nach Feng-Shui-Regeln untersuchen können, um die für Sie günstigsten Bereiche zu identifizieren, potentielle Gefahren aufzuspüren und mögliche Gegenmaßnahmen zu ergreifen.

Fast alle hier genannten Informationen sind in der einen oder anderen Form bereits gegeben worden, aber die Anwendung der Prinzipien muß der jeweiligen Funktion eines Zimmers angepaßt werden. Was beispielsweise für ein ruhiges Wohnzimmer passend ist, kann in einer hektischen Werkstatt hinderlich sein. Eine Küche, die gleichzeitig als Eßraum dient, hat andere Schwerpunkte als eine Küche, in der auch gewaschen und gebügelt wird, und wie in den Kapiteln über Qi und Sha dargestellt, kann ein Spiegel in der einen Situation von Nutzen, doch in einer anderen eher schädlich sein.

Beginnen wir beim Eingang.

Der Eingang ist das Gesicht des Hauses: Es enthüllt dessen Charakter und die Art der darin lebenden oder arbeitenden Menschen.

Die erste Frage lautet: Kann man die Tür leicht finden, oder hätte ein Besucher, der zum ersten Mal kommt, doch einige Schwierigkeiten, den Eingang zu erkennen?

Manche Besucher wollen wir willkommen heißen; manchmal müssen wir sie uns fernhalten. Eine Tür mit Blumen und breiten Stufen ist einladend; eine Tür mit Rie-

Der Eingang

geln und Schlössern heißt den Fremden fernbleiben. Beides sind deutliche Aussagen. Aber eine anonyme, charakterlose Tür ohne Namen oder Nummer, ohne Klingel, Briefkasten oder Türschmuck vermittelt einen kläglichen Eindruck von den Leuten drinnen.

Türen mit Vordach sind einladend, denn sie bieten dem Besucher Schutz; Türen die gerade mit der Hausmauer abschließen, hinterlassen den Eindruck, als sei das Gebäude versiegelt.

Nach dem ersten Eindruck, den sich der Besucher von dem Gebäude und den Leuten darin gemacht hat, klopft er nun an die Tür. Während er sich dem Haus näherte, hatte er Zeit, das Gebäude anzuschauen, nach der Tür zu suchen und vielleicht sogar unterbewußt bereits den ersten Eindruck zu verarbeiten. Dies ist nicht der Fall, wenn die Tür geöffnet wird, denn die Wirkung auf den Besucher ist unmittelbar.

Die Eingangshalle

Wenn sich die Eingangshalle nicht in der Mitte, sondern an einer Seite befindet, muß man überlegen, ob die Außenwand vielleicht ein günstiges Vorzeichen ausschließt. In diesem Fall kann man einen Spiegel an der Wand anbringen. Schließt die Wand hingegen ein ungünstiges Vorzeichen aus, hängt man ein Bild auf, das architektonische Modelle oder Berge zeigt, keine offenen flachen Landschaften. Man kann auch Bilder von Menschen benutzen, die sich in Innenräumen befinden, aber keine Porträts von Vorfahren. Nach chinesischer Tradition dürfen diese nicht gegenüber der Tür angebracht sein, damit kein Händler abschätzige Blicke auf sie werfen kann. Mäntel, Hüte und Schirme sollten außerhalb der Sichtweite hinter einer Ecke verborgen sein. Fahrräder, Kinderwagen oder sogar Motorräder (!), die ich dort gesehen habe, könnten das lebenspendende Qi blockieren …

Wenn ein langer Flur auf die Tür zuläuft, sollte er durch Zwischentüren geschlossen werden, die sich in dieselbe Richtung öffnen wie die Eingangstür. Bedenken Sie, daß es nicht günstig ist, wenn eine Treppe gegenüber der Tür liegt. Ihr unteres Ende sollte versetzt beziehungsweise die Treppe auf irgendeine Weise diskret verdeckt werden, zum Beispiel durch Perlenvorhänge, Tücher oder sogar, indem man die Seite ändert, von der aus die Tür sich öffnet (siehe Kapitel «Qi»).

Das Wohnzimmer

Das Wohnzimmer sollte nicht zu viele Türen oder Fenster haben. Ein Fenster mit einer schönen Aussicht ist besser als einander gegenüberliegende Fenster. Sessel sollten so stehen, daß man Türen und Fenster im Blick behält. Wenn sich gegenüber der Tür ein Kamin befindet, ist ein Spiegel günstig, der das wärmende und beleuchtende Qi ausgleicht. Tisch- und Stehlampen sollten so beschirmt sein, daß das Licht nicht nach oben in die Augen scheint.

Ein Klavier, Fernsehgerät oder andere Geräte, die der Unterhaltung dienen, stehen am günstigsten im Westen.

Gibt es in einem älteren Haus Balken an der Decke, sollten die Stühle so stehen, daß sich die Balken nicht über den Köpfen der sitzenden Menschen befinden.

Das Eßzimmer

Gibt es für Bewirtungen ein eigenes Eßzimmer, sollte es hübsch möbliert, jedoch nicht mit Verzierungen überladen sein. Die Hauptaufmerksamkeit sollte sich auf die servierten Speisen richten. Das vorteilhafteste Element ist Holz, daher sind aggressive Symbole wie gekreuzte Schwerter oder militärische Insignien zu vermeiden. Die sympathi-

schen Aspekte von Holz können durch ein oder zwei Holz-
schnitzereien oder Holzvertäfelungen verstärkt werden.

Wenn die Zimmerform es erlaubt, ist ein achteckiger
Tisch einem langen vorzuziehen. Sind wichtige Gäste zum
Essen eingeladen, sitzen der Gastgeber und der Gast im
Norden und Süden.

Alle Elemente streiten in der Küche um die Vorherrschaft:
Es gibt natürlich Feuer und Wasser, Holz, das durch Brennstoff und die Nahrung repräsentiert ist, und die Elemente
Metall und Erde, die in den Küchengegenständen sichtbar
werden.

Die Küche

Als erstes sollte man sicherstellen, daß der Küchenherd
und die Spüle nicht nebeneinander liegen. Einige Leute
entwerfen ihre Küchen dennoch so, damit Herd und Spüle
in bequemer Reichweite voneinander sind, aber das chinesische Schriftzeichen für Unglück besteht aus den Zeichen für Wasser und Feuer. Ein elektrischer Herd neben
dem Wasser bedeutet, daß man elektrische Störungen begünstigt. Bei einem Gasherd können Wasserspritzer die
Flamme auslöschen, aber das Gas weiter entweichen lassen. Kochstelle und Spüle müssen getrennt sein. Der Raum
dazwischen kann leer bleiben oder durch einen Schrank
ausgefüllt sein, in dem sich nur Küchengeräte und Töpfe
aus Metall befinden dürfen. Pflanzliche Öle, Kräuter, Reinigungsmittel, Plastikgegenstände, Geschirrtücher – tatsächlich alles, was brennbar ist –, muß sich an einem Platz
jenseits von Kochstelle und Spüle befinden und nicht dazwischen. Sorgen Sie dafür, daß oberhalb der Kochstelle
keine Kräuter oder Gewürze aufbewahrt werden. Ebenso-
wenig darf es dort Blumenschmuck geben. Ausschließlich
Geräte aus Metall und Ton können über dem Herd aufbe-

wahrt werden. Da alle Fünf Elemente hier miteinander in Konflikt stehen, bindet man sie harmonisch zusammen, indem man das Element Erde an seinem eigenen Platz beläßt: auf dem Boden. Benutzen Sie keinen Teppich und kein Linoleum in der Küche, da beides brennen kann. Statt dessen empfehlen sich Fliesen oder ein Steinboden, was übrigens auch pflegeleichter ist.

Das Bad

Nicht selten befinden sich Badezimmer und Toiletten im Inneren eines Gebäudes, wo es keine Fenster oder kein natürliches Licht gibt. Gewöhnlich findet man diese Anordnung in älteren, umgebauten Gebäuden, bei denen die Wasserleitungen und Kanalisationsanschlüsse noch eine andere wichtige Überlegung erfordern. In einem solchen geschlossenen Raum muß das beleuchtende Qi auf irgendeine Weise angeregt werden. Die erste, sehr praktische Lösung besteht darin, so viele Spiegel wie möglich an den Wänden anzubringen. Noch besser ist es, wenn diese einander gegenüber liegen, so daß der Eindruck eines unendlichen Tunnels entsteht. In gekachelte Wände kann man sehr wirkungsvoll Spiegelkacheln einfügen.

Schmuckkristalle können auf Ablagen verteilt oder in der Nähe von Lampen aufgehängt werden, damit sie das beleuchtende Qi in dem begrenzten Raum verteilen.

Gelegentlich fühlen sich Unternehmen verpflichtet, einen zusätzlichen Toilettenraum – zum Beispiel für Kunden oder Besucher – einzurichten, um behördlichen Vorschriften zu genügen. Wenn es sich hierbei um eine reine Verpflichtung und weniger um einen wünschenswerten, zusätzlichen Komfort handelt, ist man versucht, so wenig Raum wie möglich dafür zu nutzen. Allerdings hat es keinen Sinn, dem Buchstaben des Gesetzes Genüge zu tun, wenn die zusätzliche Einrichtung so unbenutzbar ist wie einige, die ich vorgefunden habe. In ihnen reichte der Spalt zwischen Toilette und Tür gerade aus, um die Tür zu öffnen und zu schließen – und das auch nur, wenn die Örtlichkeit leer war.

An anderen, durch niedrige Decken stark beengten Stellen vermitteln oben angebrachte Spiegel einen Eindruck von erweitertem Raum und vermindern die klaustrophobische Wirkung.

Ein Aphorismus bezüglich Toiletten ruft gewöhnlich wegen seines Gegenstandes Heiterkeit hervor, ist aber tatsächlich äußerst lehrreich, und zwar meine ich die Anweisung, den Toilettendeckel zu schließen. Drei Gründe dafür verdeutlichen die drei Aspekte des Feng-Shui – der praktische, der ästhetische und der mystische. Der praktische Grund ist der, daß der geschlossene Deckel ungesunde Gase nicht herausläßt; der ästhetische lautet, daß Toilettenschüsseln nicht zu den anziehendsten Gegenständen gehören. Der mystische Grund ist der, daß in der in Kanton gesprochenen Sprachvariante das Wort für Wasser, *soy*, auch als Ausdruck für Geld benutzt wird. Der Anblick von fortgespültem Wasser ist so, als sähe man, wie das eigene Geld in die Kanalisation gespült wird.

In dieser Hinsicht habe ich festgestellt, daß zu viele, auch sehr vornehme, Haushalte dazu neigen, die Toilettentüren offenstehen zu lassen, als diplomatisches Signal, daß der Raum frei ist. Dahinter steckt die unausgesprochene Regel, daß eine geschlossene Tür das Zeichen für eine besetzte Toilette ist. Auf die Stellung des Lichtschalters zu achten, wäre eine gute Alternative.

Rote und rosafarbene Töne sollten als Repräsentanten des Elementes Feuer in Badezimmern und Toilettenräumen vermieden werden, da Feuer mit Wasser kollidiert, was in der traditionellen chinesischen Medizin mit den Nieren in Verbindung gebracht wird.

Das Schlafzimmer

Ein Drittel seines Lebens verbringt man im Schlafzimmer, daher ist es wichtig, daß sich das Schlafzimmer an einem günstigen Standort befindet. Hat man die Wahl zwischen einem Zimmer mit günstigen Vorzeichen, aber schlechter Aussicht und einem Zimmer mit herrlichem Ausblick, aber in ungünstiger Lage, sollte man das Zimmer mit der günstigen Lage wählen. Wenn man schläft, sieht man die Aussicht ohnehin nicht.

Die erste Überlegung gilt dem Bett. Einige Leute glauben, daß sie mit dem Gesicht zu einer bestimmten Kompaßrichtung schlafen müssen. Das ist jedoch nicht so wichtig wie die Orientierung zu einer bequemen Richtung im

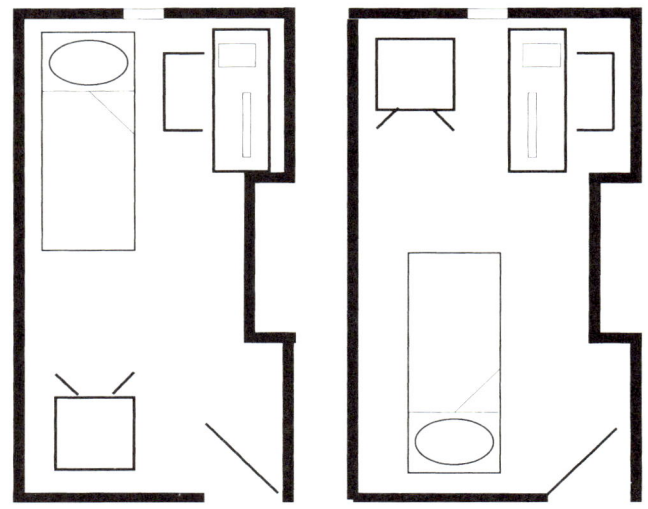

Schlafzimmer selbst. In chinesischen (und einigen westlichen) Traditionen sollten die Füße nicht zur Tür weisen. Es heißt, daß man es dem Körper so zu leicht macht, zum Grab hinausgetragen zu werden. Nehmen Sie also eine Position ein, bei der die Füße in eine andere Richtung zeigen. In den meisten Schlafzimmern hat man ja gewöhnlich ein paar Alternativen zur Auswahl.

Die Tür zum Schlafzimmer muß sich so öffnen lassen, daß sie beim Öffnen das Bett verdeckt, anstatt es zu zeigen. Laut Feng-Shui dient sie so als Schutz zwischen Bett und Zimmeröffnung. Man kann sich die Tür auch als Trennwand vorstellen. Denken Sie etwa an einen Dienstboten, der morgens den Tee hereinbringt. Wenn die Tür sich so öffnet, daß sie einen Schutz darstellt, können sich die Schläfer ein paar Sekunden lang darauf einstellen. Ansonsten enthüllt die Tür das Schlafzimmer und seine Bewohner, die vielleicht gerade unbekleidet sind, dem ganzen Haushalt.

Eine andere Möglichkeit besteht darin, zwischen Tür und Bett einen Paravent aufzustellen.

Sichtschutz für das Bett

Während Spiegel im gesamten Gebäude eine wichtige Rolle bei der Verteilung von Qi und der Ablenkung von Sha spielen, sollten sie nicht in einem Schlafzimmer angebracht werden. Es heißt, daß sich während des Schlafes die Seele des Menschen auf eine nächtliche Wanderung begibt. Der Anblick ihres Spiegelbildes würde sie erschrecken. Spiegel, die man vom Bett aus sieht, können eine Quelle von Alpträumen und Schlaflosigkeit sein. Vielleicht ist einem der Spiegel wichtig, etwa um die Kleidung zu überprüfen, dann aber sollten Kippspiegel benutzt werden.

Keine Spiegel im Schlafzimmer

Diese kann man in der Nacht so verstellen, daß man vom Bett aus sein Spiegelbild nicht sieht. In den Fällen, wo eine Wand über ihre ganze Breite verspiegelt ist (manchmal haben eingebaute Schränke Spiegeltüren), kann man einfach eine Gardinenleiste davor anbringen und nachts einen Vorhang zuziehen, der die Spiegelbilder fernhält.

Tagsüber oder wenn das Schlafzimmer einem anderen Zweck als dem Schlafen dient, braucht man die Spiegel nicht zu verhängen. Bedenken Sie auch, daß Spiegel das belebende Qi anregen und nützlich für Paare sind, die sich Kinder wünschen.

Vorsicht bei Hängeschränken und Deckenbalken

Eine weitere modische Neuheit sind Einbauschränke über dem Kopf des Schlafenden. Hiervon ist abzuraten, da ein über dem Bett hängender Schrank zu Kopfschmerzen und Depressionen führen kann. Wenn das Schlafzimmer altmodische Balken hat, richten Sie es so ein, daß der Körper längs eines Balkens liegt und nicht quer dazu. Deckenbalken, die über die Beine hinweggehen, können Schwäche in den Beinen hervorrufen. Verlaufen sie über die Körpermitte, kommt es zu inneren Schmerzen. Die gleichen Regeln beziehen sich auf eine abgeschrägte Decke, wie etwa in einem Dachzimmer. Der Körper soll längs der Deckenkante liegen und nicht quer dazu.

Wenn an das Schlafzimmer ein eigenes Bad angeschlossen ist, sollte das Bad nicht direkt vom Schlafraum aus, sondern hinter einer Ecke zugänglich sein. Erfreut habe ich festgestellt, daß mittlerweile einige Hotelketten diese sehr wichtige Regel beachten. Beim Betreten des Raumes befindet man sich zunächst in einem kurzen Korridor, an dessen Seite der Eingang zum Bad liegt. Sollte allerdings das Badezimmer doch vom Schlafzimmer aus zu betreten sein, achten Sie darauf, daß die Tür immer geschlossen bleibt. Wenn möglich sollte sich die Tür zum Bad hin so öffnen, daß man es bei geöffneter Tür vom Bett aus nicht einsehen kann.

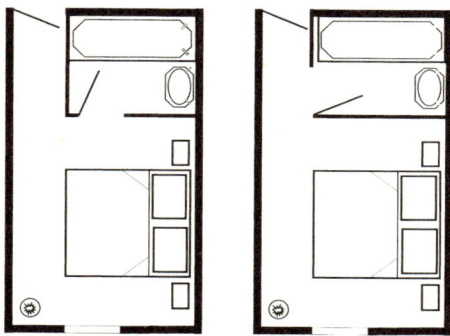

Die folgenden Anmerkungen gelten ebenso für das heimische Arbeitszimmer wie für das Büro, gleichgültig ob der Schreibtisch einem einfachen Bürogehilfen oder dem Geschäftsführer eines internationalen Unternehmens gehört.

Büro oder Arbeitszimmer

In kleinen Büros und Arbeitszimmern scheinen die Schreibtische immer vor eine Wand oder unter ein Fenster geschoben zu sein. Beides ist nicht empfehlenswert. Die Person, die am Schreibtisch arbeitet, sollte mit dem Rücken so zu einer Wand sitzen, daß sie Fenster und Tür gleichermaßen leicht überblicken kann. Dadurch behält man die Kontrolle über den Raum und kann jeden Besucher sofort sehen. Amerikaner stellen gern zusätzlich zu ihrem großen Schreibtisch einen kleineren hinter sich auf. Das ist nicht zu empfehlen, weil dessen Benutzung eine Drehung von 180° voraussetzt. Vorzuziehen ist ein L-förmiger Schreibtisch oder ein Nebentisch an der Seite. Der im Rücken befindliche Schreibtisch bedeutet auch, daß eine breite Lücke von mindestens einem Meter zwischen dem Stuhl und der Wand klafft, denn nicht nur braucht man Raum für den zusätzlichen Schreibtisch, sondern noch zusätzlichen Raum, um an ihn heranzukommen.

Man sollte nicht mit dem Rücken zum Fenster an seinem Schreibtisch sitzen

Sitzt man mit dem Rücken zum Fenster, nimmt man eine schwache Position ein, besonders im Erdgeschoß. Hier können die draußen vorbeigehenden Leute einen sehen, ohne selbst gesehen zu werden, wodurch der Mensch am Arbeitsplatz in einer unterlegenen Position ist. Zudem wird der Schreibtisch immer wieder überschattet. In der heutigen Zeit der Computerarbeit kommt noch erschwerend hinzu, daß Licht entweder auf den Bildschirm oder hinter diesem einfällt (bei einem gegenüberliegenden Fenster), so daß das Sehen schwerfällt. Stellen Sie den Schreibtisch seitlich zum Fenster. Das Licht beleuchtet so den Schreibtisch und blendet nicht den daran Arbeitenden.

Häufig wird ein freistehender Schreibtisch für ungünstig, ein gegen die Wand geschobener hingegen für vorteilhaft gehalten mit dem Argument, daß ansonsten Bücher und Papiere leichter herunterfallen. Genau. Denn das Argument zeigt, daß die betreffende Person ihre Arbeitsfläche nicht richtig organisiert hat und etwas sorgfältiger darüber nachdenken sollte, wie sie ihre Arbeitsumgebung verbessern kann.

Das ästhetische Argument gegen freistehende Schreibtische lautet, daß deren Vorderseiten oft elegant, die Rückseiten hingegen schlicht gehalten sind und zudem Computer und andere elektrische Geräte auf dem Schreibtisch mit ihrem über den Rand hängenden Gewirr aus Kabeln und Drähten dem eintretenden Besucher ihre rückseitigen Teile zeigen. Diesem Problem haben sich auch schon Banken und Agenturen zugewandt, bei denen Computer unerläßliche Bestandteile des Schreibtischs sind. Der Bildschirm wird oft in den Schreibtisch eingelassen, so daß man über ihn hinweg und ohne Sichtbehinderung mit dem Kunden sprechen kann. Die unschönen Drähte und Kabel werden in dem Schreibtischelement in einem Kasten versteckt. Bei Leuten wie mir, die lieber an einem antiken Möbelstück arbeiten, hat ein kleiner zusammenfaltbarer chinesischer Wandschirm eine elegante Wirkung.

Schließlich war es bei den chinesischen Gelehrten Tradition, einen kleinen verehrten Gegenstand auf dem Schreibtisch zu haben, und zwar ein kleines, vom Wasser modelliertes Felsstück an seinem eigenen Platz, wo es als Fokus der Aufmerksamkeit und Quelle der Inspiration dient. Im modernen Büro oder Arbeitszimmer kann man kaum noch eine Anhäufung von Papieren und Büchern verhindern. Tatsächlich lehrt die Erfahrung, daß ein chaotischer Papierberg in einem Büro wahrscheinlich ein Zeichen dafür ist, daß das Geschäft gut läuft, während der sterile, makellose Schreibtisch im Büro des Geschäftsführers den Verdacht aufkommen läßt, daß hier eigentlich nichts geschieht.

Ein Ming Tang auf dem Schreibtisch erhöht die Konzentration

Ich möchte Ihnen eine sehr nützliche Übung vorstellen: Finden Sie in dem Büro eine Stelle heraus, die wir den *Ming Tang* – oder Hellen Teich – nennen. Es kann sich um ein Regal handeln, das man vom Schreibtisch aus sieht, noch besser aber wäre eine Ecke des Schreibtischs selbst. Dieser Bereich sollte ungefähr 30 Quadratzentimeter groß sein. Legen Sie einen kleinen Gegenstand, etwa einen interessant geformten Stein, darauf. Halten Sie die Stelle immer frei. Sie verschafft Ihnen zwei Vorteile. Der erste besteht darin, daß man bei zu starkem Arbeitsdruck seine Augen auf die freie Stelle richten und einen Ausweg erkennen kann. Der zweite Vorteil ist, daß die Disziplin, mit der man der Versuchung widersteht, irgend etwas in den Ming Tang zu stellen, einen oft zwingt, aktiv zu werden und Müll fortzuräumen, der gute Arbeitsbedingungen behindert.

Eine Feng-Shui-Checkliste

Benutzen Sie die folgende Checkliste, um das Feng-Shui-Potential bei Ihnen zu Hause oder an Ihrem Arbeitsplatz zu ermitteln. Mit ihrer Hilfe können Sie sich die Hauptpunkte vergegenwärtigen, die in diesem Band besprochen wurden. Sie können selbst entdecken, welche Bereiche daheim oder im Büro wahrscheinlich die günstigsten sind, und Ihre eigenen Vorschläge für Verbesserungen in Bereichen machen, die potentiell von Gefahren bedroht sind.

Sie sollten jede einzelne Frage in Betracht ziehen und entscheiden, ob Ihre Antwort günstig ausfällt oder ob sie Anpassungen in der Möblierung und Ausstattung nahelegt.

Nehmen Sie nun Stift und Kompaß, und gehen Sie nach draußen.

- Notieren Sie die Orientierung des Gebäudes.
- Machen Sie sich Stichpunkte zum Standort der Sieben Vorzeichen, mit deren Hilfe Sie später einschätzen können, welche Zimmer günstig gelegen sind.
- Machen Sie sich Stichpunkte zu den Kompaßrichtungen der Gebäudeseiten, so daß man die Lage der Fünf Elemente erfährt.
- Auf einem gewerblichen Gelände notieren Sie die Arten der Tätigkeit, die sich für jeden Teil des Gebäudes eignet.

Orientierung und erste Vorbereitung

Die Umgebung

- Ist der Standort hinten und an den Seiten geschützt?
  Der Platz sollte an der Hinterseite durch Berge, große Gebäude oder Bäume geschützt sein, aber vorn auf eine freie Fläche hinausgehen.
- Gibt es spitze Winkel, die auf das Gebäude gerichtet sind? Steht das Gebäude vor einer scharfen Kurve oder innerhalb eines Straßenwinkels?
  Wenn ja, bringen Sie einen Bagua-Spiegel an, der das Sha reflektiert.
- Befindet sich das Gebäude auf einem Berg? Wenn ja, in welche Richtung fließt das Qi?
  Überprüfen Sie anhand des Abschnitts über mobiles Qi, ob der Qi-Fluß günstig ist und was man anderenfalls tun kann.
- Ist Wasser in der Nähe?
  Wasser in der Nähe ist gewöhnlich günstig. Siehe den Abschnitt über die verschiedenen Qi-Arten.
- Stehen vor dem Gebäude irgendwelche Pfähle oder Säulen?
  Nicht günstig. Siehe den Abschnitt über Sha.
- Gibt es ein Krankenhaus, eine Kirche, einen Friedhof oder eine öffentliche Toilette in der Nähe?
  Nicht günstig. Siehe den Abschnitt über Sha.
- Welches Element beschreibt die Umgebung am treffendsten?
  Siehe den Abschnitt über die Fünf Typen der Umgebung.
- Weitere Punkte

● Welches Element beschreibt die architektonische Form des Gebäudes? In welcher Beziehung steht es zur Umgebung?
Siehe den Abschnitt über Harmonie in der Umgebung.

Das Gebäude

● Ist die Zufahrt oder der Zugang zum Eingang günstig?
Siehe den Abschnitt über Sha.
● Ist das Gebäude leicht zu bestimmen?
Siehe den Abschnitt über Qi.
● Hat das Gebäude einen Vorgarten?
Dieser schafft einen günstigen offenen Raum vor dem Gebäude.
● Stehen Bäume vor dem Gebäude?
Sie können schädliches Sha verursachen.
● Ist das Gebäude freistehend? Wenn ja, kann man außen herumlaufen?
Qi kann frei zirkulieren.
● Führen Kabel oder Drähte zum Gebäude?
Sie können Sha mit sich führen.
● Weitere Punkte

● Kann man den Haupteingang leicht erkennen?
Der Haupteingang sollte ohne Verwirrung erkennbar sein.
● Wie viele Eingänge hat das Gebäude?
Ein Eingang und ein Ausgang sind günstig, aber zu viele Zugangsmöglichkeiten sind ungünstig und schaffen Sicherheitsprobleme.

Der Eingang

● Hat das Haus einen Charakter?
Der Eingang enthüllt den Charakter des Gebäudes und der Menschen darin.

● Paßt der Eingang zum Gebäude?
Übereinstimmungen in der Umgebung sind wichtig.

● Wenn es sich um ein kommerziell genutztes Gebäude handelt, paßt der Eingang zum Geschäftstyp?
Wenn die Elemente nicht miteinander harmonieren, wird das Geschäft nur mäßig erfolgreich sein.

● Wenn es sich um ein Privathaus handelt, läßt der Eingang auf den Charakter der darin lebenden Familie schließen?
Ist er freundlich, künstlerisch, funktional, aggressiv?

● Weitere Punkte

Die Eingangshalle / Der Flur

● Liegt der Eingang in der Mitte, links oder rechts innerhalb des Gebäudes?
Je nach Lage können gute oder schlechte Vorzeichen ausgesperrt sein.

● Wirkt die Eingangshalle einladend?
Beurteilen Sie den Empfang.

● Tritt man durch mehr als eine Tür ein?
Vielleicht braucht man zwei Türen wegen des Wetters und zur Sicherheit, aber kann man auch leicht eintreten?

● Wenn ja, öffnen sich die Türen in dieselbe Richtung?
Ungünstig angeordnete Türen bedeuten schlechtes Qi.

● Befindet sich eine Treppe gegenüber der Tür?
  Wenn ja, schlagen Sie eine praktische Lösung vor. Siehe den
  Abschnitt über Treppen.
● Führt ein Flur geradewegs durch das Haus?
  Wenn ja, sollte man Zwischentüren anbringen.
● Kann man die Hintertür von der Vordertür aus sehen?
  Wenn ja, überlegen Sie sich die Möglichkeiten, um das zu än-
  dern.
● Gibt es schließbare Zwischentüren?
  Wenn ja, achten Sie darauf, daß sie geschlossen sind, wenn
  man sie nicht braucht.
● Ist die Eingangshalle so eingerichtet, daß Sie einladend
  wirkt?
  Wenn nicht, überlegen Sie, wie sie freundlicher gestaltet wer-
  den kann.
● Stehen Hindernisse wie Mantelständer oder Pakete im
  Flur herum?
  Wenn ja, sollten sie entfernt werden.
● Ist das Gebäude warm, frisch, luftig oder feucht, und
  kann man leicht zwischen den Zimmern hin und her ge-
  hen?
  Überprüfen Sie das Gleichgewicht der fünf Arten des Qi.

Bevor Sie sich den verschiedenen Zimmern zuwenden, **Vor dem Rundgang**
sollten Sie folgendes berechnet haben: **durch das Haus**
● die Lage der Sieben Vorzeichen,
● die Kompaßrichtung und das zugehörige Element für jedes einzelne Zimmer,
● das persönliche Element desjenigen, der das Zimmer bezieht.

Tabellen für jeden Raum

Legen Sie entsprechend dem folgenden Beispiel für jedes Zimmer Musterdiagramme an:
- Welches Vorzeichen gehört zu diesem Raum?
- Welche Kompaßrichtung hat dieser Raum?
- Welches Element ist mit ihm verbunden?
- Welche Beziehung besteht zwischen dem Element des Raumes und dem persönlichen Element seines Bewohners?
- Welche der Acht Wandlungen trifft zu?
- Welche Art von Tätigkeit paßt am besten?

Die folgenden Fragen sollten in bezug auf jedes einzelne Zimmer gestellt werden:

- Was ist das auffälligste Kennzeichen, wenn man das Zimmer betritt?
  Dies ist eine subjektive Beurteilung, aber äußerst wichtig dabei ist die Einbeziehung von Feng-Shui-Merkmalen.
- **In** welche Richtung öffnet sich die Tür?
  Die Tür darf kein Hindernis darstellen.
- Werden Türen durch Möbel blockiert?
  Wenn man eine Tür nicht benutzen kann, ist sie sinnlos.
- In welcher Beziehung steht die Tür zum Zimmer?
  Eine ungünstige Lage sollte vermerkt werden.
- Gibt es genug Platz, um sich durch den Raum zu bewegen?
  Man sollte sich leicht im Zimmer bewegen können; an Schränke und Regale sollte man herankommen können, ohne Möbel verschieben zu müssen.

- Wie viele Fenster? Liegen sie einander gegenüber?
  Tunnelartige Räume erhalten keine Stärkung durch Qi. Siehe den Abschnitt über Qi.
- Wird das Licht in eine günstige Richtung gelenkt?
  Licht soll der Beleuchtung dienen und kein Selbstzweck sein.
- Kann man von den Stühlen aus die Türen und Fenster sehen?
  Der Sitzende soll sich sicher fühlen.
- Stehen die Stühle an starken Positionen?
  Sie sollten mit dem Rücken zu Wänden, nicht zu instabilen Möbeln oder zu Fenstern stehen.
- Gibt es einen Kamin? Wenn ja, hängt ein Bild oder Spiegel über dem Kamin?
  Ein Spiegel kann Qi reflektieren, das sonst durch den Kamin entweichen würde.
- Welche Bilder und Spiegel befinden sich in dem Raum? Sind sie an den besten Positionen?
  Ziehen Sie das zum Raum gehörige Vorzeichen in Betracht, wenn Sie auswählen, welche Art von Bildern empfehlenswert ist.
- Gibt es ein Musikinstrument, eine Anlage oder einen Fernseher? Wenn ja, steht es an günstiger Stelle?
  Die beste Stelle ist der Westen.
- Hat die Decke Balken? Wenn ja, wo befinden sie sich?
  Sie sollten nicht über Sitzplätzen verlaufen.

Das Wohnzimmer

- Gibt es einen Hinterausgang?
  Er läßt verbrauchtes Qi entweichen.
- Liegt er gegenüber dem Eingang?
  Wenn ja, kann Qi zu schnell entweichen.
- Ist der Herd von der Spüle getrennt?
  Feuer und Wasser vertragen sich nicht.

Die Küche

● Was befindet sich, wenn überhaupt, über dem Herd?
Keine brennbaren Materialien, Kräuter oder Nahrungsmittel.
● Gibt es hier eine angemessene Belüftung?
Eine praktische Frage.
● Stehen Schränke neben dem Herd? Wenn ja, was befindet sich in ihnen?
In ihnen sollten nichtbrennbare Materialien aufbewahrt werden: Geschirr und Metallgegenstände, nicht jedoch Nahrungsmittel, Öl, Reinigungsmittel, Tücher oder Plastik.
● Was ist die vorherrschende Farbe in der Küche?
Farben sollten angedeutet, nicht hervorgehoben werden.
● Welchen Bodenbelag gibt es?
Stein oder Fliesen sind besser als Teppich oder Linoleum.
● Wird die Küche auch als Eßraum genutzt?
Beachten Sie Raum und Zirkulation der verschiedenen Qi-Arten.

Das Eßzimmer

● Herrscht eine angenehme Temperatur in dem Raum?
Wärmendes Qi ist zur Verdauung nötig, aber der Raum sollte nicht überheizt sein. Atmosphärisches Qi ist ebenfalls wichtig.
● Ist der Raum ruhig, ohne zu viele Dekorationsstücke und Ablenkungen?
Die Hauptaufmerksamkeit sollte dem Essen gelten.
● Welche Farben herrschen vor?
Das Element Holz ist in Betracht zu ziehen.
● Wo sind die günstigsten Sitzplätze?
Notieren Sie sich die stärksten Positionen, Blick auf die Tür, leichte Erreichbarkeit, Kompaßrichtung.
● Wo soll das Familienoberhaupt (oder der Gast) sitzen?
Siehe den Abschnitt «Zimmer für Zimmer».

Für jedes einzelne auszufüllen:

Das Schlafzimmer

● Steht das Bett gegenüber der Tür?
Ungünstig. Kann man es verschieben?

● Öffnet sich die Tür zur günstigsten Seite?
Wenn nicht, sollte sie andersherum eingehängt werden.

● Verlaufen Balken oberhalb des Bettes? Wenn ja, in welcher Richtung?
Sie sollten parallel zum Schlafenden verlaufen.

● Hängt etwas über dem Bett?
Ungünstig. Läßt es sich versetzen?

● Befindet sich etwas über dem Kopf des Schlafenden?
Ungünstig. Läßt es sich versetzen?

● Sind Spiegel im Raum? Wenn ja, kann man sie vom Bett aus sehen?
Ungünstig. Gibt es einen anderen Platz für sie?

● Ist ein Waschbecken im Zimmer? Wenn ja, kann man es vom Bett aus sehen?
Ungünstig. Kann man es irgendwie abschirmen?

● Gibt es ein eigenes Bad? Wenn ja, betritt man es direkt vom Schlafzimmer aus?
Evenutell die Tür andersherum einhängen, falls nötig.

**Das Bad /
Die Toilette**

● Kann man das Bad direkt vom Haupteingang aus sehen?
Wenn ja, ist es wichtig, die Tür immer geschlossen zu halten.

● War die Badezimmertür verschlossen?
Sie sollte verschlossen bleiben, wenn sie nicht benutzt wird.

● Bleibt der Toilettendeckel gewöhnlich auf?
Er sollte geschlossen bleiben, wenn die Toilette nicht benutzt wird.

● Hat das Badezimmer beziehungsweise die Toilette eigenes natürliches Licht?
Wenn nicht, sollten Spiegel an jeder Wand angebracht werden.
● Welche Farben herrschen vor?
Rot- und Rosatöne müssen vermieden werden.

Das Büro

● Steht der Schreibtisch mit der Vorder- oder Rückseite zum Fenster?
Beides empfiehlt sich nicht. Der Schreibtisch sollte seitlich zum Fenster stehen.
● Steht der Schreibtischstuhl mit seiner Rückseite zur Wand?
Eine starke Position schafft eine gute Arbeitsumgebung.
● Können Fenster und Tür vom Schreibtisch aus gesehen werden?
Hierdurch erlangt die betreffende Person die Kontrolle.
● Gibt es genug Raum, um sich bequem zu bewegen?
Wenn nicht, kommt es zu Organisationsproblemen.
● Gibt es irgendwo einen leeren freien Raum?
Wenn nicht, finden Sie eine Stelle für den Ming Tang. Siehe den Abschnitt über das Büro im Kapitel «Zimmer für Zimmer».
● Sind Kabel und Drähte sorgfältig abgedeckt?
Das sollten Sie sowohl aus Feng-Shui- als auch aus Sicherheitsgründen sein.

Feng-Shui-Übersichtsdiagramme – 1

Grundstück _____

Orientierung _____

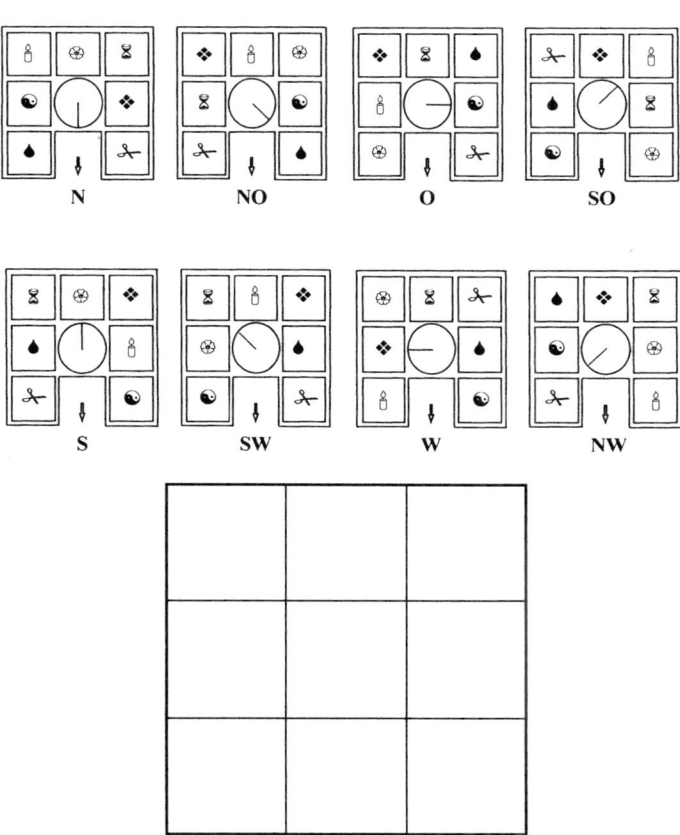

Feng-Shui-Übersichtsdiagramme – 2
Persönliches Element

Name _____ Geburtstag _____

Geburtsjahr _____ Letzte zwei Ziffern _____ Anpassung nötig? (– 1) _____

Männer	Frauen
2 Ziffern ___ geteilt durch 9 = ___ Rest ___	2 Ziffern ___ plus 5 = ___
10 – Rest = Jahres-Zahl = ☐	geteilt durch 9 = ___ Rest = Jahres-Zahl = ☐

Jahres-Zahl = _____

Monats-Zahl = _____

Persönliche Zahl = ☐

Persönliches Element = ☐

Persönliche Richtung = _____

Feng-Shui-Übersichtsdiagramme – 3
Elemente der Veränderung

Orientierung _____   Persönliches Element _____

N

N

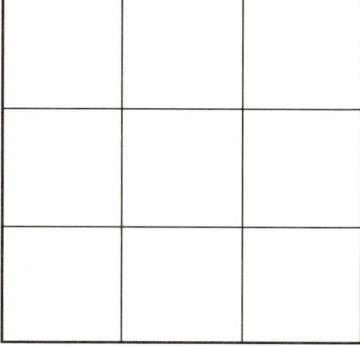

Metall	Wasser	Erde
Metall	Erde	Holz
Erde	Feuer	Holz

Feng-Shui-Übersichtsdiagramme – 4
Zimmerübersicht

Raum _____   Lage _____

Vorzeichen Günstig/Ungünstig _____

Element _____

Beziehung zum persönlichen Element _____

Bemerkungen

Frühgeschichte
des Feng-Shui

Die historischen Anfänge

Dieser Überblick über Feng-Shui schließt mit der Entwirrung der vielen faszinierenden Fäden, aus denen der große Bilderteppich gewebt ist, der die Entwicklung Kunst erzählt. Vielleicht wirkt es befremdlich, daß eine historische Einführung am Ende des Buches erscheint, aber die Geschichte eines Themas wird sehr viel interessanter, wenn man seine Techniken besser versteht.

Der Ausdruck «Feng-Shui» tauchte erst lange, nachdem die Techniken bereits allgemein angewandt wurden, auf. Die Worte «Feng» und «Shui» erschienen zum ersten Mal zusammen als technischer Ausdruck, und zwar nicht in einem Buch über Gebäude, sondern in einem Führer über Bestattungsrituale, das *Grabbuch (Zang Shu)*, das von dem Historiker Guo Pu aus der Jin-Dynastie (276 – 324 v. Chr.) verfaßt worden sein soll. Der betreffende Absatz lautet:

«Was das Grab betrifft, möge es den lebenden Atem sammeln, denn die alten Weisen sagen, daß Qi zerstreut wird, wenn es den Wind *(feng)* trifft, und zurückgehalten wird, wenn es Wasser *(shui)* trifft. So konnten die Alten es sammeln und an der Zerstreuung hindern; sie konnten es kanalisieren und an einer Stelle festhalten. Und so wurde es *Feng-Shui* genannt.»

«Negatives Haus»-Feng-Shui ist die Anwendung der Feng-Shui-Prinzipien auf Gräber, die Ruhestätten der Toten, nicht der Lebenden. Es hatte einen begrenzten Einfluß während der Han-Dynastie (Zeitalter Roms) und erhielt dann allmählich eine weit bedeutendere Rolle im Bereich Familie und Sozialstruktur. Die Anwendung der Negatives-Haus-Techniken wurde anschließend auf Wohnungen und dann auf den Geschäftsbereich der Lebenden ausgedehnt.

Der Blaue Rabe

Die ältesten Hinweise auf Vermessungstechniken, die wir nun als Feng-Shui erkennen, sind quälend unvollständig. Gewöhnlich erwähnen sie die «Hellblau-Dunkelblau-Methode», die «Methode des Blauen Raben» oder den «Meister Blauer Rabe», die sich wahrscheinlich alle auf dieselbe Quelle beziehen, da das chinesische Wort für «Dunkelblau» fast identisch ist mit dem Wort für «Rabe». Frühe chinesische Gemälde weisen drei Arten von Raben auf, die in der Sonne lebten; einen schwarzen, einen goldenen und einen dreibeinigen. Im *Alten Buch der Berge und Flüsse* war der Blaue Vogel (kein Rabe) der Kurier zwischen dem Gelben Kaiser und der Königinmutter aus dem Westen, zwei der Hauptgottheiten der frühen chinesischen Mythologie.

Später halten authentischere historische Quellen – die Frühlings- und Herbstannalen – fest, daß am Hof von Shao Hao das Parlament der Regierungsminister unter dem Namen «Die Hundert Vögel» bekannt war, weil man hochrangigen Beamten Tiernamen gab. Zwei dieser Minister wurden «Blauer Rabenmeister» und «Blauer Vogelmeister» genannt. Ersterer war für die geographischen Wissenschaften zuständig, der zweite für Astronomie und Kalendarium. Offensichtlich betrachtete man in jenen frühen Zeiten die spiegelbildlichen Wissenschaften von Himmel und Erde als eng miteinander verbunden.

Umgebung und Orientierung

Archäologische Funde von prähistorischen Stätten zeigen, daß die Menschen der Yang-Chao-Epoche nicht nur Wohnorte auswählten, in deren Nähe sich gutes Ackerland nahe am Wasser befand, sondern auch Standorte an Flußgabelungen oder dort, wo Flüsse sich vereinigten. Die Bauplätze waren immer gleich hoch an leichten Abhängen gelegen, so daß keine Gefahr der Überflutung bestand. Siedlungen waren nach Süden oder Osten ausgerichtet. An der Fundstelle von Banpuo war das zentrale Gebäude, vielleicht das Haus des Oberhaupts oder ein zeremonielles Gebäude, nach Osten ausgerichtet, während alle anderen Häuser gen Süden gebaut waren. Die Siedlungen waren von einem Graben umgeben, und jenseits der Gräben befanden sich im Norden oder Süden die Friedhöfe. Offensichtlich gab es also eine klare Trennlinie, den Graben, zwischen den Orten für die Lebenden und denen für die Toten.

Standortermittlung

Die Ursprünge der esoterischen Aspekte des Feng-Shui liegen in *pu zhai*, der «Hausweissagung», die selbst eine Entwicklung der ältesten, bis heute fortbestehenden Formen der Prophezeiung sind: *pu-shi*. *Pu* war eine Form der Weissagung, bei der Schildkrötenpanzer (oder manchmal die Schulterblattknochen von Schafen) mit einer heißen Nadel bearbeitet und die Muster der daraus entstehenden Risse gedeutet wurden. Die *Shi*-Weissagung hingegen nutzte die Stiele der Schafgarbe, wie sie auch von denen verwendet wurden, die mit Hilfe der traditionellen Methode das *Buch der Wandlungen* befragen wollten.

Zahlreiche Beispiele für die Anwendung des *Pu-shi* zur Ermittlung eines passenden Ortes oder der richtigen Zeit für den Bau eines Gebäudes sind überliefert. In der Folge wurde eine spezialisierte Art der *Pu-shi*-Prophezeiung entwickelt, die sich auf die Standortwahl konzentrierte. Auf Knochen, die für die Orakelbefragung benutzt wurden und aus der Zeit vor den Schriftrollen stammen, sind die Frage, die Antwort und der Tag verzeichnet, an dem die Frage gestellt wurde. Zum Beispiel findet sich auf Knochen aus der Shang-Dynastie, also ungefähr zweitausend Jahre vor unserer Zeitrechnung:

«Tag I. Frage: Kann ich an solch einem Platz bauen? Antwort: Günstig.

Tag VI-4. Frage: Der König wünscht eine Stadt zu bauen. Ist es erlaubt? Antwort: Doppelt günstig.»

Unter den obskuren Texten des *Buches der Wandlungen* befinden sich einige Beispiele dessen, was Hausweissagungs-Antworten gewesen sein müssen, die vielleicht die Wahl eines Standorts, die Richtung, in der ein Standort gefunden werden kann, und die Wahl eines glückverheißenden Tages für den Baubeginn betreffen. Pu-zhai machte jedoch keine Angaben zur Wahl des Baumaterials oder der -methode. Seine Rolle war eher spiritueller denn praktischer Art.

Erst in der Zeit einer detaillierteren Geschichtsschreibung, in der Han-Periode – zur Blütezeit Roms – erteilten die Meister des *tuguifa* (Erdsymbol-Methode) und des *tuyifa* (Erdeignungs-Methode) genauere Ratschläge. Diese beiden Methoden bezogen sich sehr viel deutlicher auf Vermessungstechniken und schlossen so spezielle Details wie Wasserversorgung, Qi-Fluß und die Inspektion des umliegenden Gebiets einschließlich Bodenbeschaffenheit in ihre Überlegungen ein. Diese Grundtechniken wurden von den *Pu-zhai*-Meistern übernommen, was ihnen eine gewisse professionelle Glaubwürdigkeit verlieh. *Tufangshi*, die Meister der Erdrichtungen, fügten Kenntnisse von Geologie und Astronomie zusammen, um die idealen Standorte für Häuser innerhalb von Stadtmauern zu ermitteln, während sich *tuyifa*-Meister mit den Standorten außerhalb der Stadtgrenzen beschäftigten und auf Bauernhöfe, Zäune und die Anlage von Obstgärten spezialisierten. Die Ode «Herzog Liu» im *Buch der Dichtkunst* (das von Konfuzius zusammengestellt worden sein soll) gibt eine graphische Darstellung der Wahl und Aufteilung eines Grundstücks im ersten Jahrtausend vor Christus und bezieht sich bei der Bestimmung der Orientierung auf Landschaft, Erdbeschaffenheit und sogar auf die Beobachtung des Sonnenschattens.

Ein anderes geschichtliches Beispiel ist die Verlegung der neuen Hauptstadt des Herzogs von Zhou, des vermutlichen Verfassers des *Buches der Wandlungen*. Nach offiziellen Aufzeichnungen weissagte der Herzog von Zhou (mit Hilfe des *Buches der Wandlungen*) und wählte das Gelände aus. Tatsächlich hatte ein Minister, Zhao, die Landschaft bereits inspiziert und ermittelte (in Übereinstimmung mit Feng-Shui-Prinzipien) einen günstigen Ort in der Krümmung des Flusses Lo, woraufhin Herzog Zhou nach dem *Buch der Wandlungen* seine Prophezeiung aussprach.

Die Entwicklung der «wissenschaftlichen» Vermessung verbannte die mystischen Aspekte des *pu-zhai* auf einen untergeordneten Rang, aber sie waren nie völlig ausgemerzt.

Noch einmal aus dem *Buch der Dichtkunst*:

Als das Sternbild Ying seinen höchsten Stand erreicht
    hatte
Begann er die Mauern des Palastes von Zi zu erbauen
Die Sonne benutzte er als Kompaßscheibe
Um die Zeremonienhallen zu errichten
Schließlich wurde das Orakel befragt
Und eine günstige Antwort erteilt.

Bemerkenswert an diesem Auszug ist die Verbindung zwischen Landwirtschaft, Astronomie und Hausbau, die auch nach dreitausend Jahren sprachlich erhalten geblieben ist. Das Auftauchen des Sternbildes Ying gab die Jahreszeit an, in der landwirtschaftliche Tätigkeiten abgeschlossen sein sollten, damit die Arbeitskraft für die dann folgenden Bauarbeiten frei wurde. Das heutige chinesische Wort für «Bau», *Ying-jian*, leitet sich in der Tat vom Namen dieses Sternes ab.

Erste Konzepte

In die zeitlich mit der Ära des Römischen Reiches zusammenfallende Han-Dynastie fielen die Gründung der alten chinesischen Hauptstadt bei Chang-an, das Fortschreiten der Seidenstraße zwischen Osten und Westen und der Beginn der ersten chinesischen Geschichtsschreibung durch den Großen Astrologen Sima Tan. In dieser kulturellen Blütezeit war am Hof des Kaisers Wu eine Schule der esoterischen Philosophie sehr erfolgreich.

Die neue Wissenschaft gründete sich auf die Vorstellungen von den Fünf Elementen und die Theorie von Yin und Yang. Diese Worte mit ihren ursprünglichen Bedeutungen «dunkel» und «hell» erschienen getrennt auf alten zeremoniellen Gefäßen aus Bronze. In der Zhou-Dynastie (der Zeit des *Buches der Wandlungen*) waren Yin und Yang zum Sprungbrett einer neuen Philosophie geworden.

Im *Dao-De Jing (Tao-Te Ching)* von Laozi heißt es:

«Alle Dinge tragen das Negative, das durch Yin repräsentiert wird und sich dem Positiven zuwendet, das durch Yang repräsentiert wird. Diese zwei vermischen sich und formen Qi.»

Die erste Erwähnung der Fünf Elemente erscheint im *Shu-Jing*, dem *Buch der Geschichte*:

Wasser bedeutet nässen und absteigen.
Feuer bedeutet brennen und aufsteigen.
Holz bedeutet krumm und gerade.
Metall ist biegsam und hart.
Die Erde erlaubt säen und ernten.

Nässen und Absteigen produzieren einen salzigen
  Geschmack.
Brennen und Aufsteigen produzieren einen würzigen
  Geschmack.
Das Runde und Gerade produzieren einen sauren
  Geschmack.
Das Biegsame und Harte produzieren einen scharfen
  Geschmack.
Säen und Reifen produzieren Süße.

Das *I Ging*, dessen Herkunft unbekannt ist, ist die offensichtliche Quelle der Philosophie der Acht Trigramme,
aber Trigramme erscheinen schon auf Orakelknochen der
prähistorischen Ära. Seriöse Studien der Geographie und
Topographie wurden in der vielzitierten *Kriegskunst* von
Sun Zi (5. Jh. v. Chr.) gefunden sowie im *Guan Zi* (dem
Buch des Meisters Kuan) aus dem 4. Jahrhundert v. Chr. Historische Zeugnisse, die von Sima Tan im 2. Jahrhundert
v. Chr. begonnen und von seinem Sohn Sima Qian beendet
wurden (nach seiner grauenhaften Bestrafung dafür, daß
er es gewagt hatte, für einen ungerecht behandelten Gene-
ral einzutreten), beziehen sich auf die «Erdadern», die für
das Studium des Feng-Shui zentrale Bedeutung haben und
in heutiger Zeit das Äquivalent zur Wissenschaft von geo-
pathischem Streß sind. Aber als dann Konfuzianist Dong
Zhongshu (2. Jh. v. Chr.) diese Vorstellungen in einer Theorie zusammenfaßte, erfuhr die chinesische Philosophie
plötzlich einen so gewaltigen Bedeutungszuwachs, daß sie
auf die Entwicklung der chinesischen Kultur im allgemeinen und der Feng-Shui-Theorie im besonderen einen un-
auslöschlichen Einfluß nahm.
  Dies ereignete sich zu einer Zeit, als sich der Konfuzia-

nismus allmählich veränderte. Die Schriften des Konfuzius wurden nicht länger als Gedanken und Moralphilo-
sophie eines großen Lehrers, sondern als göttliche Inspira-
tionen betrachtet. Die Theorie von Yin und Yang, die das
Tao-Te ching prägt, und die Predigten des Konfuzianismus
verbanden sich allmählich zu einer ständig sich ausweiten-
den religiösen Doktrin, die sämtliche Philosophien absor-
bierte, welche zu jener Zeit in Mode waren. Auch wenn dadurch ein unerwünschtes Element des Aberglaubens
zugelassen wurde, erforderte die Kunst der Prophezeiung
genaue Beobachtungen himmlischer und irdischer Phänomene, was einen durchaus nützlichen wissenschaftlichen Erkenntniszuwachs zur Folge hatte.

Die Entdeckung des Magnetismus in bestimmten Mine-
ralien führte zur Erfindung des «nach Süden weisenden
Wagens», wahrscheinlich ein Phantasiename für den Kompaß. Hiermit konnte man die vier Himmelsrichtungen genauer in 24 Abschnitte unterteilen, die als «Xian» oder
Richtungen bekannt sind. Später wurde das Wort *Xian* zu
«Shan» korrumpiert, was «Berg» bedeutet, und seitdem
werden die 24 Richtungen im Feng-Shui als «Shan» bezeichnet. Mit dieser Entwicklung ging eine Philosophie
einher, die ganz wörtlich nach bedeutenden «Bergen» in
der Umgebung Ausschau hielt.

Die Han-Dynastie

Zur Zeit der Han-Dynastie, zu Beginn der christlichen
Zeitrechnung, gab es bereits zwei Bücher zu dem Thema,
das unter dem Namen Feng-Shui bekannt wurde. Eines
war die Abhandlung *Kanyu Jin Jui, Das Goldene Schatzkäst-*

chen der Geographie, die so weit von den Vorstellungen der Schulgeographie entfernt war, wie es überhaupt möglich ist. Die andere Abhandlung, *Gong Zhai Di Xing, Die Topographie der Paläste und Häuser,* beschäftigte sich hauptsächlich mit Gestalten und Formen. Die beiden unterschiedlichen Sichtweisen mögen der Grund für die schließliche Spaltung des Feng-Shui-Studiums in die Kompaß- und die Formschule gewesen sein, wenngleich beide Techniken auf die Philosophie der Fünf Elemente zurückgehen.

Auch wenn die Texte dieser zwei Werke selbst verloren gegangen sind, gibt es ein paar faszinierende Hinweise auf sie in überlieferten Büchern. In einigen Fällen findet man Zitate, welche die annähernde Rekonstruktion der Techniken des *Kanyu* ermöglichen. Offensichtlich handelte *Das Goldene Schatzkästchen der Geographie* von kalendarischen Zahlen (wie den Tages- und Monats-Zahlen) sowie dem Fluß des Yang- beziehungsweise Yin-Qi an bestimmten Tagen. Andere Hinweise wiederum lassen darauf schließen, daß Kanyu sich gar nicht auf Geographie, sondern auf ein Götter-Pantheon bezog. In dem klassischen Text *Lun Heng,* «Gegeneinander abgewogene Argumente», aus dem ersten vorchristlichen Jahrhundert heißt es:

«Es gibt eine Methode, nach der man Stämme und Äste (das Zahlensystem des Kalenders) benutzt, um zu ermitteln, welche Tage gut und welche schlecht sind. Aber die Geister im Kanyu-Kalender sind nicht die einzigen. Die alten Weisen berichteten niemals über sie und auch nicht die Eingeweihten. Wir wissen nicht, ob sie wirklich existieren. Die Wahrheit des Himmels ist abstrus, doch braucht der gewöhnliche Mann sie nicht zu kennen.»

Das heilige Buch, *Zhou Li, Die Riten des Zhou,* führt weiter aus, daß die Namen der *Kanyu*-Geister von einer Gegend zur anderen variierten.

Der wesentliche Punkt ist jedoch der, daß die enge Bedeutung des *Kanyu*, «Geographie», stark ausgeweitet wurde: Sie bezog einige technische Kenntnisse des chinesischen Kalenders und der Astronomie ein und verband so Himmel und Erde miteinander.

Die Kunst der Hausplanung

Alles, was wir über Feng-Shui im alltäglichen Leben des ersten Jahrhunderts in China wissen, verdanken wir praktisch Wang Chung und seinen «Gegeneinander abgewogenen Argumenten». Er stand einigen sozialen Praktiken seiner Zeit sehr kritisch gegenüber, aber indem er sich über sie lustig machte, hinterließ er einen umfänglichen Bericht über die Sitten, über die wir ohne ihn nichts erfahren hätten. Er zitiert ausführlich Abschnitte aus verlorengegangenen Büchern, von denen eines – *Die Kunst der Hausplanung* – wahrscheinlich das wichtigste historische Zeugnis über Feng-Shui ist, das je verfaßt wurde. Durch seinen Bericht erfahren wir von der Praxis, ein Haus dem Klang seiner Bewohner anzupassen.

«Ein Haus, dessen Eigentümers Nachname den Ton *Shang* (die Note D) enthält, sollte nicht nach Süden ausgerichtet sein; auch sollte ein Haus, dessen Besitzers Nachname den Ton *zhi* (G) enthält, gen Norden weisen, weil der Klang *Shang* zum Element Metall und die Himmelsrichtung Süden zum Feuer gehört. Entsprechend gehört die Note *zhi* (G) zum Feuer und die Richtung Norden zum Wasser. Wasser löscht Feuer, und Feuer schmilzt Metall.

Daher müßte die Tür eines Hauses, dessen Eigentümers Nachname nicht in klanglicher Übereinstimmung ist, neu ausgerichtet werden. Bei einer harmonischen Orientierung wird dem Hausbesitzer Wohlstand beschieden sein, bei einer ungünstigen Orientierung hingegen wird er alles verlieren.»

Der Lopan

Der Feng-Shui-Kompaß oder Lopan leitet sich aus verschiedenen Quellen her, vor allem aus dem rätselhaften nach Süden weisenden Wagen, für den keine detaillierte Beschreibung existiert. Die Entdeckung des Magnetismus führte jedoch zur Entwicklung einer komplexen Art der Weissagung, die als *lui ren*, die Sechs Neuntel, bekannt ist. Die Bezüge zur Weissagung der Sechs Neuntel sind so vollständig, daß verschiedene Wissenschaftler unabhängig voneinander die Weissagungstechnik rekonstruieren konnten. Noch interessanter ist aber die Tatsache, daß verschiedene Exemplare des Instruments, das bei der Weissagung der Sechs Neuntel benutzt wurde, des *Shi*, bei archäologischen Ausgrabungen entdeckt wurden. Eines davon, das in einem Grab aus dem ersten Jahrhundert gefunden wurde, stimmt mit einer Abbildung in einem Buch über Feng-Shui aus dem 14. Jahrhundert überein und enthüllt eine durchgängige, ungebrochene Tradition, die mehrere Dynastien überdauert hat. Daß es sich in gewisser Weise auf Kanyu bezieht, wird in einem Kommentar in den *Zeremonien der Tang-Dynastie* (17. Jh.) deutlich.

«Der Anwendungen, für die *Shi* gebraucht werden kann, gibt es neun. Die erste ist Heirat, die zweite Fortpflanzung, die dritte Wohnung, die vierte Schicksal, die fünfte Status, die sechste Eltern, die siebte Riten der Vorfahren, die achte Gesundheit und die neunte Begräbnis.»

Anscheinend wurde das *Shi* ursprünglich benutzt, um die glückbringenden Daten zu ermitteln. Später wandte man es an, um die korrekte Orientierung herauszufinden, nicht nur für Gebäude, sondern für alle Arten von Tätigkeiten, einschließlich militärischer Strategie.

Die Formschule

Das Buch, das die Vorlage für die spätere Formschule lieferte, *Die Topographie für Paläste und Häuser*, ist ebenfalls verlorengegangen. Es gibt jedoch einen faszinierenden Hinweis auf die Formschule in einer Bücherliste, die in der frühen Han-Dynastie, im zweiten und ersten Jahrhundert vor Christus, in Umlauf war.

«Gewöhnlich wählt und erbaut die Formschule Paläste und Städte entsprechend der Gesamtsituation des Landes. Sie bezieht die Gestalt der Menschen, die Knochenstruktur von Vieh und die Formen von Haushaltsgeräten mit ein, um zu ermitteln, ob der Klang und das Qi günstig sind oder nicht. So wie beim Stimmen einer Lautensaite deren Länge eingestellt wird, um die richtige Note zu treffen, so ist es auch in der Natur. Die mathematischen Proportionen, nicht die Geister, bestimmen den Erfolg eines Hauses.»

Aus verschiedenen Gründen ist dieser Abschnitt sehr aussagekräftig. Er spielt auf den «Klang» der Menschen und Geräte an, was aber gar nicht Klang meinen muß, sondern ein technischer Ausdruck sein kann, der sich auf irgendeinen proportionalen Umfang bezieht. Zweitens wird

deutlich, daß die Praxis auf wissenschaftlichen Prinzipien
basierte, nicht auf der Angst vor Geistern, die man exorzie-
ren müßte. Einfach gesagt wird hier deutlich, daß die
Frage, ob ein Haus unter einem günstigen Vorzeichen steht
oder nicht, keine Angelegenheit von Glück oder Pech ist,
sondern sich aus einer mathematisch präzisen harmonischen Resonanz ergibt.

Beachten Sie auch, daß der Einsatz der *Topographie von
Palästen und Häusern* zwar auf Gebäude und ihre Umgebung beschränkt wird, daß aber der obige Hinweis nicht
nur die Form von Kühen und Schweinen im Freien einbezieht, sondern tatsächlich auch innerhalb des Hauses die
Form von Geräten ins Auge gefaßt wird, damit auch deren
Angemessenheit ermittelt werden kann. Die Annahme,
daß andere Gegenstände wie Möbel und dekorative Merkmale zweifellos ebenfalls in Betracht gezogen werden, ist
wohl berechtigt.

Allgemeine Richtlinien

Zusätzlich zu den Standardmethoden zur Einschätzung
der Eignung von Tagen und Standorten gab es einige allgemeine Prinzipien, über die Wang Chung berichtet, darunter eines, demzufolge die Ausdehnung eines Hauses nach
Westen Unglück hervorrufe. Der Grund hierfür ist der, daß
der Westen, der die untergehende Sonne repräsentiert, für
die älteren Familienmitglieder angemessen ist und der
westliche Flügel eines Anwesens entsprechend für diese
reserviert war und sogar einen eigenen Namen hatte, das
Ao.

Die Behausungen für die Toten

Eine Hauptrolle in der Praxis des Feng-Shui spielte sein
Verhältnis zu Bestattungsriten und -zeremonien. Das kon-
fuzianische *Yi Li*, das *Buch der Riten*, ein während eines
Zeitraums von tausend Jahren geschriebenes Sammel-
werk, enthält genaue Details, an welchen Tagen Begräbnis-
zeremonien stattfinden sollen. Diese wurden durch das
Werfen von Schafgarbenstengeln und die Befragung von
Schildkrötenpanzern ermittelt. Der Wahrsager war an der
vorgeschlagenen Grabstätte von Familienmitgliedern und
Assistenten umgeben, welche die Ergebnisse der Weissagung niederschrieben. Nachdem er sich gen Osten ge-
wandt hatte, um die Halme für die Weissagung zu ergreifen, wandte er sich gen Süden und nahm die folgende
Frage des Trauernden entgegen: «Der trauernde Sohn
wünscht die Prophezeiung für die Stelle, an der sein Vater
ruhen soll. Berechne, ob dies eine friedvolle Heimstatt mit
sicherer Grundlage ist, damit in der Zukunft kein Unglück
geschehe.» Dies ist ein klarer Hinweis darauf, daß die richtige Grabstätte für das Gedeihen kommender Generationen als wesentlich erachtet wurde.

Auch wenn das *Buch der Riten* aus der Zhou-Dynastie
(ungefähr 1000 v. Chr.) zu stammen scheint, folgte nicht
jeder den konfuzianischen Bräuchen. Der ausgewählt
schöne Schmuck und die Bestattungsornamente, die bei
Ausgrabungen in Gräbern der Han-Dynastie gefunden
wurden, geben einen Hinweis auf eine völlig andere
Kultur und abweichende Glaubensgrundsätze. Trotzdem zeigt die Tatsache, daß richtungsgebende Instru-
mente mit den Verstorbenen begraben wurden, damit
die Seele ihren Weg ins westlich gelegene Paradies finde,

daß die Orientierung als entscheidender Faktor betrachtet wurde.

Das *Grabbuch*

Bestimmten Meinungen zufolge basiert das *Grabbuch* auf einem viel älteren Text des Meisters Blauer Rabe, und möglicherweise gründen einige Prinzipien, die im *Grabbuch* dargelegt sind, auf etablierten mündlichen oder schriftlichen Traditionen. Nicht bestätigt ist dessen Autorschaft von Guo Pu. Überraschenderweise ist ein Band mit solch tiefgreifendem Einfluß auf das Alltagsleben in nicht einer der zeitgenössischen Bibliographien aufgelistet. Früheste Bezüge darauf gibt es erst zur Zeit der Tang-Dynastie (9. Jh.). Das Buch bezieht sich auf lebendiges Qi, die Fünf Elemente und die vier astronomischen Tiere Drache, Vogel, Tiger und Schildkröte. Doch wird darin dargestellt, daß die Orientierung durch das Ermitteln des Sonnenstandes erfolgt; weder der Kompaß noch der nach Süden weisende Wagen sind erwähnt, was darauf schließen läßt, daß der rätselhafte Autor nie einen solchen gesehen hat.

Feng-Shui im Mittelalter

In einer der vielen turbulenten Epochen der chinesischen Geschichte floh die kaiserliche Familie in den Südosten, um den Kriegen im Norden zu entgehen, und ihr folgte die Schicht der Gelehrten und Literaten. Das Klima und die fruchtbaren Bedingungen im Süden befanden sich in deutlichem Widerspruch zum rauhen Norden, was auch

heute noch der Fall ist. Die sanften Hügel anstelle der un-
barmherzigen Ebenen des Nordens inspirierten Künstler,
Schriftsteller, Philosophen und Wissenschaftler. Das war
zudem eine Zeit, als Buddhismus, Konfuzianismus und
Taoismus um die Vorherrschaft rangen. Die Glaubenssätze
und Lehren von jeder dieser drei großen sozialen Strömun-
gen breiteten sich aus und bezogen Theorien der Naturphilosophie ebenso ein wie die Morallehre.

Nicht nur die Erde, auch die kulturelle Umgebung war
fruchtbar, und das Thema Feng-Shui wurde präziser gefaßt und definiert. Viele Abhandlungen waren im Umlauf,

einschließlich des Buchs des Gelben Kaisers über den Standort von Häusern, das wahrscheinlich aus dem 5. Jahrhundert stammt. Das herausragende Werk dieser Zeit, *Die Rätselhaften Geheimnisse des azurfarbenen Behälters* (d. h. des Kosmos), wurde um 800 von Yang Yunsong verfaßt. Es handelt von den Formen und Gestalten der Natur und ihrer Wirkung auf die in ihr lebenden Menschen. Merkwürdigerweise ist dieser Band, der doch praktisch die Quelle allen späteren Materials ist, trotz seines großen Einflusses im metaphysischen Bereich nicht in den Annalen seiner Zeit vermerkt. Vielleicht hatte er zu seiner Zeit einen anderen Titel. Eine Geschichte, die im Umlauf war, später aber als unwahrscheinlich verworfen wurde, erzählte, daß Yang Yunsong während einer Revolution, als der Kaiserliche Palast geplündert wurde, geheime Papiere entwendete.

Ein Großteil der Ratschläge in Yang Yunsongs Buch war extrem praktisch, wie etwa, daß man unbedingt an einer sicheren Stelle bauen sollte, die eine Versorgung mit Frischwasser garantierte, an der Rückseite Hügel hatte und nach Süden auf ein Tal blickte. Es enthielt die Ermahnung, Haine und Windschutz anzulegen, wenn das Yin-Qi zu mächtig war, während andere Ratschläge ästhetischer Natur waren, so bezüglich der Anlage von in sanften Kurven verlaufenden Wegen und von Steinen.

Die Kompaßschule

Wenn man über Feng-Shui schreibt, kommt man nicht umhin, die beiden «Schulen» des Feng-Shui, die von Yang Yunsong formalisierte «Formschule» und die «Kompaßschule» zu erwähnen, die von Fujian (Fukien) stammte und von Wang Ji um 1195 v. Chr. zusammengestellt wurde. Wenngleich der Kompaß mit einer beweglichen Nadel von dem Buddhisten, dem Hohen Lama Yi Xing, im frühen 8. Jahrhundert beschrieben wurde, blieb er anscheinend doch ein schwer verständliches oder sogar unbekanntes wissenschaftliches Prinzip, bis dieses im 11. oder 12. Jahrhundert wieder auftauchte.

Die Kompaßschule basierte eher auf den astronomischen und kalendarischen Wissenschaften als auf Gestalt und Form von Gebäuden und Umgebung. Die Einflüsse waren hauptsächlich taoistische magische Traditionen und verdankten sich weniger dem Tao des Laozi (dem Autor des *Tao Te-Ching*) als den ursprünglichen Glaubensrichtungen Chinas, d. h. dem Glauben an die herrschenden und Handelsklassen der Han-Dynastie.

In den Schriften der Kompaßschule ist die Kompaßscheibe in 24 Segmente unterteilt. Diese nutzten die speziellen Kalenderzeichen von «Stämmen und Ästen», behielten aber auch die vier symbolischen Namen für die vier «Eck»-Richtungen bei: Nordosten, Südosten, Südwesten und Nordwesten als «Tor des Himmels», «Fenster der Erde», «Tor der Menschen» und «Tor der Geister».

Diese Begriffe spielen im Feng-Shui der späteren Kompaßschule eine zentrale Rolle und beziehen sich auf den «Wassermund» im *Buch des Wasserdrachen*. Die Vorstellung vom Nordosten als der Position des Geistertors war weit verbreitet und wirkte sich tatsächlich auf die Stadtmauern von Fujian selbst aus. Seit Entstehung dieser klassischen Texte sind die Feng-Shui-Techniken über Jahrhunderte praktisch unverändert geblieben. Was über sie im 19. Jahrhundert gesagt wurde, besaß auch noch in der Mitte des

20. Jahrhunderts Gültigkeit. Dann aber geriet Feng-Shui in den letzten zwei Jahrzehnten des 20. Jahrhunderts plötzlich in den Mittelpunkt westlicher Aufmerksamkeit. Der Begriff wurde wie ein Tennisball jongliert, und jede exotische Philosophie, ob aus China oder Kalifornien, konnte Feng-Shui genannt werden.

Auf diesen Seiten wollte ich Ihnen einen Überblick über die klassischen Traditionen geben und ihre universelle Anwendbarkeit aufzeigen. Ich hoffe, daß ich nicht zu oft von diesem Pfad abgewichen bin, aber wie meine Leser nun zu schätzen wissen, ist ein sich sanft schlängelnder Weg günstiger als ein gerader.

Anhang

Chinesischer astrologischer Kalender*

19.02.1901: Metall-Ochse
08.02.1902: Wasser-Tiger
29.01.1903: Wasser-Hase
16.02.1904: Holz-Drache
04.02.1905: Holz-Schlange
25.01.1906: Feuer-Pferd
13.02.1907: Feuer-Schaf
02.02.1908: Erde-Affe
22.01.1909: Erde-Hahn
10.02.1910: Metall-Hund
30.01.1911: Metall-Schwein
18.02.1912: Wasser-Ratte
06.02.1913: Wasser-Ochse
26.01.1914: Holz-Tiger
14.02.1915: Holz-Hase
03.02.1916: Feuer-Drache
23.01.1917: Feuer-Schlange
11.02.1918: Erde-Pferd
01.02.1919: Erde-Schaf
20.02.1920: Metall-Affe
08.02.1921: Metall-Hahn

28.01.1922: Wasser-Hund
16.02.1923: Wasser-Schwein
05.02.1924: Holz-Ratte
25.01.1925: Holz-Ochse
13.02.1926: Feuer-Tiger
02.02.1927: Feuer-Hase
23.01.1928: Erde-Drache
10.02.1929: Erde-Schlange
30.01.1930: Metall-Pferd
17.02.1931: Metall-Schaf
26.01.1932: Wasser-Affe
26.01.1933: Wasser-Hahn
14.02.1934: Holz-Hund
04.02.1935: Holz-Schwein
24.01.1936: Feuer-Ratte
11.02.1937: Feuer-Ochse
31.01.1938: Erde-Tiger
19.02.1939: Erde-Hase
08.02.1940: Metall-Drache
27.01.1941: Metall-Schlange
15.02.1942: Wasser-Pferd

* Die Daten bezeichnen
jeweils immer den
Beginn eines astrologi-
schen Jahres.

05.02.1943: Wasser-Pferd	15.02.1972: Wasser-Ratte
25.01.1944: Holz-Affe	03.02.1973: Wasser-Ochse
13.02.1945: Holz-Hahn	23.01.1974: Holz-Tiger
02.02.1946: Feuer-Hund	11.02.1975: Holz-Hase
22.01.1947: Feuer-Schwein	31.01.1976: Feuer-Drache
10.02.1948: Erde-Ratte	18.02.1977: Feuer-Schlange
29.01.1949: Erde-Ochse	07.02.1978: Erde-Pferd
17.02.1950: Metall-Tiger	28.01.1979: Erde-Schaf
06.02.1951: Metall-Hase	28.01.1980: Metall-Affe
27.01.1952: Wasser-Drache	05.02.1981: Metall-Hahn
14.02.1953: Wasser-Schlange	25.01.1982: Wasser-Hund
03.02.1954: Holz-Pferd	13.02.1983: Wasser-Schwein
24.01.1955: Holz-Schaf	02.02.1984: Holz-Ratte
12.02.1956: Feuer-Affe	20.02.1985; Holz-Ochse
31.01.1957: Feuer-Hahn	09.02.1986: Feuer-Tiger
18.02.1958: Erde-Hund	29.01.1987: Feuer-Hase
08.02.1959: Erde-Schwein	17.02.1988: Feuer-Drache
28.01.1960: Metall-Ratte	06.02.1989: Erde-Schlange
15.02.1961: Metall-Ochse	27.01.1990: Metall-Pferd
05.02.1962: Wasser-Tiger	15.02.1991: Metall-Schaf
25.01.1963: Wasser-Hase	04.02.1992: Wasser-Affe
13.02.1964: Holz-Drache	23.01.1993: Wasser-Hahn
02.02.1965: Holz-Schlange	10.02.1994: Holz-Hund
21.01.1966: Feuer-Pferd	31.01.1995: Holz-Schwein
09.02.1967: Feuer-Schaf	19.02.1996: Feuer-Ratte
30.01.1968: Erde-Affe	07.02.1997: Feuer-Ochse
17.02.1969: Erde-Hahn	28.01.1998: Erde-Tiger
06.02.1970: Metall-Hund	16.02.1999: Erde-Hase
27.01.1971: Metall-Schwein	05.02.2000: Metall-Drache

Feng-Shui-Seminare mit Derek Walters führen durch

Frankfurter Ring e.V.
Frau Brita C. Dahlberg
Kobbachstraße 12
60433 Frankfurt am Main
Tel. 0 69 / 51 15 55
Fax 0 69 / 51 22 20

Feng Shui-Concepts
Herr Thomas Kirschner
Apothekergäßchen 3
86150 Augsburg
Tel. 08 21 / 34 59 70
Fax 08 21 / 3 45 97 30